互联网十

创新**2.0**下的经济**新格局**

黄俊尧 著

INTERNET +

New Economic Landscape
under Innovation 2.0

北京联合出版公司
Beijing United Publishing Co.,Ltd.

图书在版编目（CIP）数据

互联网+：创新2.0下的经济新格局 / 黄俊尧著.—北京：
北京联合出版公司，2015.10
ISBN 978-7-5502-6098-6

Ⅰ．①互… Ⅱ．①黄… Ⅲ．①互联网络－应用－企业管理－研究
Ⅳ．① F270.7

中国版本图书馆 CIP 数据核字 (2015) 第 207180 号

互联网+：创新2.0下的经济新格局

出版统筹：新华先锋
责任编辑：牛炜征
特约编辑：王若琼 刘 钊
封面设计：王 鑫
版式设计：王 玥

北京联合出版公司出版
（北京市西城区德外大街83号楼9层 100088）
北京慧美印刷有限公司印刷 新华书店经销
字数160千字 787毫米×1092毫米 1/16 14印张
2015年11月第1版 2015年11月第1次印刷
ISBN 978-7-5502-6098-6
定价：45.00元

前　言

在亚马逊中国网站上，以关键词"互联网"进行搜索，你会发现，一个月里新出版的互联网相关中文商业书籍，竟超过 50 本。在已经如此拥挤的书市里，再创作一本以"互联网"为主题的书，意义何在？

长时间观察、研究各个市场中的互联网相关商业应用与发展，近来我发现，除了互联网相关领域中的专业人士，两岸传统企业界人士常以盲人摸象的方式理解互联网；单纯通过直观经验或是媒体报道得到的认知，难免以偏概全、只见树木不见森林。而针对互联网在商业领域带来的方方面面机会与挑战，一般高校乃至 EMBA 的制式课程，迄今较少进行系统性、全面性的探讨。在"互联网思维"已近陈词滥调的今天，由于多数企业人士没能充分把握变化迅猛的互联网大局，他们要么跟着时尚嚷嚷，要么摆出不随流俗的姿态无意理会。其实，过卑或者过亢，都不是正确的姿态；看懂了，自然就想得通，也就容易融贯现实、概念与潮流，从而培养出适合自己的"思维"。

在这样的前提下，环顾两岸书市，相关"江湖智慧"结晶、流行术语汇聚者比比皆是，却似乎还少了本从企业的战略高度出发、视野横跨中外、概念架构清晰、相对完整地观照互联网动态林相（而非单棵树木）的书。理想上，这样的一本书，应该通过概览与解析，协助企业界人士

1

在流行喧嚣外看懂互联网大局，思索如何融己身、企业于此大局。

于是才有了这本书。

从宏观角度来看，在欧、美、日、韩这些相对发达的地区和国家，五花八门的互联网应用不断涌现和发展，这种创新是在企业掌握数字环境变化的背景后，凭借厚积的能量，在合理化经营的过程中不断尝试新的可能性而产生的结果，是一种自然而然的状态。至于大陆，由于在特殊的历史发展阶段，实体服务、零售行业没有得到充分的发展。改革开放后不到十年间，才真正义无反顾地跳到互联网的高速轨道上。上世纪末萌芽的互联网种子，如今在这个魔幻写真的大市场里到处开花结果。从微观角度而言，我身处台湾学界，长期教研都与互联网密切相关；而实务面的关注，则三分之一在欧、美、日、韩，三分之一在大陆，另外三分之一在台湾。

鉴于这样的宏观与微观背景，根据近年来的业界授课、交流、互动经验，再加上"互联网 +"趋势在政策定调下必将引导经济发展的大局，让我意识到一般 （非互联网）产业人士亟需看懂互联网的需求，因此写了这本书。书中呈现了当今思考互联网应用时必须首先理解的各个板块；以概念架构为经，中外应用实例为纬。野人献曝之余，但愿能为有心的读者欲循序渐进掌握"互联网 +"的关键思考，奏些许导引之效，发若干刺激思考之功。

本书简体版的发行，得益于老友祯舜的提点，也受助于圆神出版社杨嘉瑶经理与新华先锋王若琼编辑的各项专业沟通、协调与帮助。谨此一并致谢。

C目录
ontents

第一堂课：偶然与必然

在数字浪潮的推波助澜下，商业模式的"保鲜期"只会越来越短，看懂全局，随时应变才能站稳脚跟。

第二堂课：时、势、人

唯变不变的数字大局中，只有审时度势，才不会被新经济里的新逻辑淘汰。

I

第三堂课：平台、平台

Google 凭借十多年前的单一搜索引擎，逐步经营旗下众多平台，形成至今无人能匹敌的数字生态圈。

第四堂课：撑起数字营销沟通杠杆

小米创始人雷军的互联网七字诀——"专注、极致、口碑、快"是小米运用数字营销沟通杠杆的法则。

第五堂课：SoLoMo 新世界

当越来越多人使用智能手机，数字商战就成为在线社交与移动 app 的天下。

第六堂课：电商面面观

掌握数字经济，就必须接受"变"的常态，理解不断实验的必要性与必然性。

第七堂课：看懂 O2O

电子商务将取代传统零售？传统企业应该如何应对数字浪潮？O2O 将是创造双赢的核心。

第八堂课：数据与大数据

大数据还原了部分数字场景，给出了前所未有的洞见，然而，消费者的动态，却永远也猜不准。

第九堂课："互联网 +"：新常态新引擎

到陌生人家享用美食？把房子租给外国人？这并非未来世界想象图，它已经发生，而且正席卷而来。

第十堂课：看懂，然后知轻重

数字时代中，企业需要进行重组、连接与实验。只有这样，才能自然而然地融入"互联网 +"的新世界。

第一堂课

LESSON ONE

偶然与必然

历史的偶然

　　"良辰美景奈何天,为谁辛苦为谁甜,这年华青涩逝去,明白了时间。"

　　大家都熟悉,这是王菲2013年为电影《致青春》献唱的主题曲。过去十几年间,王菲唱响了《英雄》《天下无双》《幽兰操》《因为爱情》《致青春》《爱不可及》等一系列电影主题曲,还因此被调侃成"电影主题曲专业户"。不得不让人震撼的是,这位歌手的唱片销售累积纪录超过千万张——并且这一统计数据只包含港台市场,不包括创纪录时版权观念还相对模糊的大陆市场。然而,2003年之后,王菲却再没有发行过完整的专辑唱片。这其中的主观因素就不说了,客观因素?简单地说,就是无论"天王""天后"再怎么厉害,数字浪潮已经让出唱片成了件不容易赚钱的事。

　　大约在王菲推出她在EMI(百代唱片)最后一张专辑《王菲》的时候,由各大唱片公司组成的基金会,联合检察单位,到台南成功大学学生宿舍进行了大举搜查。他们扣押了一批硬盘里满是MP3音乐文件的计算机,并将一批学生列为犯罪嫌疑人。虽然作为检举人的基金会,在学生登报道歉后同意撤诉,但一时之间杀鸡儆猴的寒蝉效应,让那时流行的P2P音乐文件分享行为一时收敛。唱片业者当时把这事当作打击"网络侵权"的一大胜利。然而这场胜利,很快就偃旗息鼓。并且没过多久,唱片业就步入了销售寒冬,唱片行纷纷倒闭。王菲倒还是唱着,在演唱会上,在电影主题曲中，但不在专辑唱片里。

唱片之外，再说一事。2014 年夏天，美国方面的统计资料显示，最大的女性时尚杂志《柯梦波丹》（Cosmopolitan）在零售点上的销售量同比下滑 24.8%，其他同类的知名杂志也都遭遇类似的销售逆流。需要说明的是，传统时尚杂志出现销量萎缩，并非美国的特例，而是全球各市场里的普遍趋势。在这种背景下，有本颇有分量的时尚杂志，为了走出读者数量不断下跌的窘境，大张旗鼓地进行"读者调研"。通过问卷调查和焦点访谈的方式，想弄清楚读者到底想在每月发行的纸本杂志上看到什么样的内容，又会被什么样的封面所吸引。从社长、主编到营销企划、美工人员，无不关注着结论，准备好好设计未来的内容和封面来赢取读者的目光。

那么，唱片和杂志，这两件看起来毫无关联的事物，有任何共同之处吗？

答案是肯定的。

第一，唱片公司和杂志社，都曾靠着它们竭力守卫、精进的商业模式（也就是"唱片"和"杂志"），赚过好几桶金。

第二，在既成商业领域中，它们都相信自己正依照行业里的行事标准，主观上"尽善良管理人之注意义务"，替股东最大化未来利润。

第三，在排山倒海而来的互联网浪潮中，它们跟随着行业惯性，把精力和资源投注在终究无关大局的琐事上。

第四，把时间拉长来看，事主们都因为违于时、盲于势，扮演着对抗互联网巨轮的堂·吉诃德；客观上并没有"尽善良管理人之注意义务"，反而一再蹉跎践踏股东原来可能享受到的获利机会。

唱片，是针对大众音乐娱乐需求，在 20 世纪出现的音乐消费模式。

它是历史的偶然，没人规定想听音乐非得放唱片不可。当越来越多的消费者通过数字环境里的其他媒介模式，可以更方便地听音乐，唱片很自然地就会被多数人踢到角落去。唱片业想凭借法律或技术手段阻挡数字浪潮，终究证明是徒劳的。

杂志，在西方自 18 世纪起，两三百年间满足异质性社会各种细分市场区隔里的信息需求。历史虽久远，但它仍是传播史发展过程中的一段偶然。当传统读者通过数字环境里的其他媒介模式，可以更方便地获取有兴趣的信息，纸本杂志很自然地就被边缘化。无论如何优化杂志内容，相对于互联网上各色内容的众声喧哗，都再难济事。

这里举的唱片公司和杂志社的例子，说明各行业常习惯把自己绑缚在某一种过去，尽管曾实现获利，但终究仅属历史浪潮里某个浪头的偶然性上，因此面对作为历史常态的各种变局时，常常变得盲目。历史是无情的，错把历史的偶然当作必然，就容易尝到历史的残酷。

马云曾对商业领域里不胜枚举的类似现象，做出了简洁而贴切的归纳："很多人输就输在：对于新兴事物，第一看不见，第二看不起，第三看不懂，第四跟不上。很多人走过的路就是这样的。"这段话算是对商业史上不断出现的，将历史的偶然误认为是历史的必然，而盲于新生现实的批注。

然而，顺着这段话说，如果真的看见了、重视了、搞懂了，也跟上了，就果真能够立于不败之地吗？

马云相关说法的报道文章（凤凰网科技）

不尽然。相信以下两个品牌，你一定熟悉。

柯达（Eastman Kodak），1880 年创立，几年后便以"你只要负责按下快门，其他交给柯达"的口号，在大众化的摄影市场站稳脚跟。第二次世界大战后的很多年里，柯达常入选世界十大品牌。就收入和利润而言，20 世纪 90 年代后半段是它飞黄腾达的鼎盛时期。然而进入 21 世纪之后，柯达却走向陡峭的下坡路，于 2012 年在纽约州法庭申请破产保护。

诺基亚（Nokia），同样是 19 世纪创立的企业集团，于"二战"后进入通信市场，20 世纪 90 年代后半段推出一系列广受市场欢迎的多功能手机（feature phone）。在 21 世纪的前几年中，它曾占据全球手机市场份额第一名，随伴着股价飞腾，诺基亚一时风头无限，成为彼时全球市值最高的企业之一。然而，接下来的几年里，它也落入了急速下滑的境地。很快便从一代手机之王的宝座滑落，而后手机部门被微软收购，到 2014 年 10 月，Nokia 手机品牌最终成为了历史。

很多人都用过柯达和诺基亚的产品，也都亲眼见证了这两个曾经辉煌的品牌，分别随着数码照相技术的普及与智能手机的流行而陨落。然而较少人意识到，柯达早在 1975 年就推出了数码相机，并且在世纪之交的几年间，在商业数码相机最高像素只能达到二三十万的时候，它还是销售量仅次于 SONY 的数码相机制造商。而在 2007 年 iphone 上市之前，Symbian 操作系统占据了全球智能手机市场一半以上的份额，这种操作系统从初始阶段便一直由诺基亚赞助支持。

也就是说，柯达和诺基亚在作为行业先锋的年代里，并非对于未来挑战毫无作为。相反，它们不仅看见、重视、搞懂，而且还在彼时引领了种种后来将他们击溃的相关技术开发。也就是说，它们并不是因目光短浅、视野狭隘而惨遭滑铁卢。

那么，它们因何而败？

因为符合人性的企业惯性。

所谓符合人性的企业惯性，通俗一点来说，就是企业中赚钱最多的部门掌握话语权。不难想象，在它们各自的黄金年代里，胶卷和多功能手机部门，分别掌握了柯达和诺基亚最多的营销与研发资源，也因此掌握了规划这两家企业航道的权力。因此，尽管这两家企业在数码相机和智能手机这些先进领域也有投入，但在它们各自的黄金年代里，这些先进技术的开发比较像是与"本业"无关的私生子，相关部门的话语权势必有限。

即使发现了不远处的冰山，因为物理惯性，全速前进的泰坦尼克号也无论如何来不及转弯了。同样地，柯达和诺基亚，因为始终贯彻符合人性的企业惯性，一路向前，看到悬崖时已无回转的余地。

归结起来，曾经获利的企业，可能败在看不清或看不懂历史的变局，也可能败在过于人性化的企业惯性中。在这样的意义上，这本书想提醒决策者，快速推移的互联网时代，无论新旧企业都容易由于视野或决心的局限，堕入衰退的悬崖。

对于企业而言，短期营利来自抓住历史的偶然，永续经营则有赖于掌握历史的必然。掌握历史的必然，需要够宽广的眼界，也需要看明事态后义无反顾的决心。

什么是历史的必然？

历史的必然

从商业的角度来看，有两件事是历史的必然。

第一个必然，是各种商业行为所发生、所指向的人类社会，无论何时，必然有食、衣、住、行、育、乐等方方面面的需求。这些需求，在人类社会中必然存在。

第二个必然，是满足这每一项需求的模式，必然会因技术环境的发展变化而与时俱进，迁移变化。也就是说，长期而言，需求满足的方法必然会改变。

这本书所要探讨的互联网时代各种方面，就镶嵌在上述的两个必然性里。首先，食、衣、住、行、育、乐的人性需求必然存在，自由市场中个人必然通过各种交换来满足这些需求。其次，随着数字技术发展的成熟与普及，奠基于模拟时代的各种需求满足模式，必然会一定程度地被数字时代出现的新模式所取代。

营销，或者面向顾客的商业活动，其本质无非就是市场交换情境里的价值创造、沟通与传递。数字时代里各种现有的满足需求的新模式，之所以能替换掉大家熟悉、依靠已久的旧模式，就因新模式能创造更多元、丰富的价值，实行随时随地的细致沟通，并且降低传递成本。简单说，新模式让市场交换中的价值创造、沟通与传递等关键活动，通过数字杠杆效果，变得举重若轻。

20 世纪末，Intel 的创始人安迪・葛洛夫（Andy Grove）曾预言，五年内所有存活的企业都会是所谓的"互联网企业"(Internet companies)；而无法转型为互联网企业的，则终将从市场上消失。一如许多睿智的预言，葛洛夫在那个还是 Web 1.0 的时空里，看对了方向，却没说准时间。随着世纪交替后资本市场里的互联网泡沫破灭，大家便慢慢忘了这事儿。

事情隔了几年，再有人老调重弹拾起这段子大声放送时，讲的人这时已不用英语（虽然他英语说得着实溜）而改说中国话了："传统零售行业与互联网的竞争，说难听点儿，就像在机枪面前，太极拳、少林拳是没有区别的，一枪就把你崩了。今天不是来跟大家危言耸听，大家都是朋友，互联网对你的摧毁是非常之快的。"一口辩才的马云，2012 年时这么吓唬着还没看清局势变化的企业。再隔两年，乌镇举行的第一届"世界互联网大会"上，马云在演讲开头便说："我觉得这个电子商务'E-commerce'这个词，以后将没有 E 这个字母，就是'Commerce'，也就是商务这个词。"

用时下的流行语来说，这个开场白，很明显是向安迪・葛洛夫 20 世纪的预言"致敬"了。

对于万物重新想象

谈及网络和商业间的关系，不少人直接的联想（甚至画上等号的）是 20 世纪 90 年代开始受到关注的"电子商务"——不外乎就是说说亚马逊、淘宝一类的故事。多数高校，也都老早就将电子商务开成一门课。前段时间，在一个管理学界少数精英聚首的会议里，曾经听到"网络啦，电子商务啦，能研究的题目大概都被研究烂了，没什么好研究的了"这样的说法，以及此起彼伏的附和声。

然而，如果能一直近距离观察网络世界的变化，看法便会有很大的不同。20 世纪 90 年代中期起，"网络女皇"（Mary Meeker）便开始持续对网络相关发展发表报告，她在受到多方瞩目的 2012 年报告中指出，传统商业模式在 SoLoMo[1]、O2O 等潮流的推动下，面对日益主流化的移动平台时，要想适应、改革或转型，就必须"对于万物重新想象"。

"网络女皇"Mary Meeker，2012 年"对于万物重新想象"的报告（百度文库）

---

[1] SoLoMo：是 Social（社交）、Local（本地化）与 Mobile（移动）三个词的集合。这一概念将在第五章中详细讨论。

以前面提到的音乐消费为例。下载电子音乐风行起来之后，对以 CD
为主的传统唱片业造成了致命的冲击。尽管这种流行趋势还是不久前的
事情，但作为一种以个人计算机为主要载体的音乐消费模式，电子音乐
下载经历了 2005 年前后那段迅速增长的时期之后，增长率便开始趋缓。
到了 2013 年，通过具有代表性的 iTunes 下载的单曲数量，甚至已开始
减少。与此同时，以智能手机作为主要载体，支付月租享受整个音乐库
服务的串流音乐模式，在西方市场中开始逐步取代以 iTunes 为首的电子
音乐下载服务。串流音乐服务当下的主要提供者，包括诸如 Pandora、
Spotify、Rdio 和 Deezer 在内的新兴企业，也包括几家网络大咖（例如
YouTube 的音乐串流订阅服务 Music Key、亚马逊的 Prime Music、苹果
借由收购而提供的 Beats Music，以及微软的 Xbox Music 等）。

重点在模式，管它十年后 Uber 还在不在

2014 年年底，对于在全球各市场里已火热了一阵子，且
让各地传统出租车业者备感威胁的在线叫车平台——Uber 而
言，是个多事之秋。在西班牙、荷兰与泰国等地，出租车业者
控诉使用 Uber 的司机缺少营业执照与对应的保险，导致两个
国家对这种运营模式下了封杀令。在德国，它曾因"不当竞
争"问题接到政府的禁令。在韩国，首尔检察厅指控 Uber 违
反当地公共运输规范并起诉其执行官。而在印度新德里，则传
出 Uber 司机对女乘客性骚扰的案件。

Uber 未来会如何发展、能如何发展，没人能得出准确结论。
十年后 Uber 是否还在市场上，也没人能够断言。然而，Uber
所代表的在线整合私家车空闲运载量与乘客需求，可以通过数

字平台在多市场快速复制这回事，在市场上已经得到充分验证。新模式比传统模式更加有效率，能另创传统租赁车或出租车所无法创造的新价值，这一点已成定论。无论各地传统出租车业者如何游说政府阻挡 Uber 代表的新商业模式，这样的新模式，未来势必将一面不断变型以适应市场，一面持续壮大成长。重点真的不在十年后 Uber 这家企业还在不在，而在于 Uber 所验证的可行的商业模式，一旦出现，因为其进步性，就不可能被根除，反而会不断演变进化。

不仅音乐产业如此，其他各业也都正经历着或即将经历前所未有的巨变。正如前面所言，市场满足特定需求、现有企业所擅长的主流运营模式，都是历史的偶然。在数字浪潮的推波助澜下，一代一代的历史偶然彼此替代，使模式的"保鲜期"越来越短。对企业来说，希望在行业中生存下去，希望站稳脚跟，这时首先需要看懂大局、辨明趋势，然后再不拖泥带水地适应、变型甚至转型。

这本书为有这样认知的企业界人士而写。虽然网络所带来的变化产生在社会、经济的各个层面，但本书将聚焦于企业界人士所直接关心的主题。

在接下来的章节里，我们即将一一审视各种数字杠杆以及它们带来的改变。一切商业经营的根本在于顾客，因此我们将首先审视数字时代的消费者行为，以及行为背后的经济逻辑的发展变化。而后，我们将讨论各种新商业模式所依赖的平台概念。接着，我们将探探数字时代价值沟通的门道，讨论因智能移动装置普及而生成的 SoLoMo 潮流。在这之后，焦点将转移至电子商务，厘清这个词汇的狭义与广义定义。针对广义的电子商务，我们将涉猎市场上的各种 O2O 趋势与变化，并且看看各行各业如何在数字潮流中实验、转型。而后，我们将检视数字时代里随顾客经营而生，现今众人朗朗上口的"大数据"概念的实与虚。

中国在互联网方面风风火火的商业发展，短短几年内就让电商、平台、大数据、O2O 等概念在市场里酝酿、发酵。在这样的基础上，李克强总理近期巧妙地以"互联网＋"之名，画龙点睛地提示下一个阶段互联网商业发展的方向。然而，非互联网圈的一般读者想要看懂"互联网＋"，没有速成的捷径，还是该正本清源地把互联网商业应用的各种本质掌握妥当，才可能贴切地理解"互联网＋"的基本逻辑与多元面向。接下来，就请接受本书的系统性导览，一同来巡礼吧。

第二堂课 时、势、人

LESSON TWO

不同世代的触网经验

如果常吃鱼的人，因为常吃，就说因此懂得鱼类生态，也能搞定水产养殖，旁人听闻总不免失笑。但是我所接触过的企业主和资深经理人，面对数字世代的种种现象，却时有类似逻辑颠倒的自信："因为我用xxx，也玩yyy，手机里装了zzx和zzy，还不时发zzz和朋友聊天、向下属交代……所以，互联网没什么难懂的，没问题。"

这本书里林林总总的讨论，一方面说明面向商业的互联网，当中的逻辑还真不怎么复杂难懂；另一方面却也希望能让读者们多少理解，吃鱼和懂鱼是两码事，不属于同一个次元。想看懂互联网大局，还必须排除两个"以管窥天"的习惯。第一，别把自己这个世代的经验投射成普遍经验。第二，别把自己置身的个别市场经验投射成普遍经验。

按照约定俗成的惯例，一个世代（generation）的跨度大约是20年。第二次世界大战结束后的20年间出生的人，通常被称为婴儿潮世代。下一个20年左右（20世纪60年代中期到80年代中期）出生的，是为X世代。再往后20年左右（20世纪80年代中期到2000年）的出生者，叫作Y世代，也称千禧世代（millennials）。这三个世代各自生命史里的"触网"经验，大相径庭。

以台式电脑或笔记本电脑为主要硬件接口的第一代商用互联网，随着 20 世纪 90 年代初期 Mosaic 图像浏览器的出现，于 90 年代的 10 年里，在各地市场先后快速扩散、普及。在这样的发展脉络下，对于婴儿潮世代的网络用户而言，第一次"触网"已经是中年以后的事了。尤其对于以中文为母语的婴儿潮世代而言，"触网"时大半还不会（工作上也无须）输入中文。这群用户的网络初体验，大多是受到家里下一代或职场上后辈的诱发，从学着开机、关机、移动鼠标、在浏览器上尝试用鼠标锻炼手眼协调开始。第二波体验，因为在社交媒体上与旧识重逢，再配合"开心农场"一类简单游戏的促进作用，让婴儿潮世代的不少人，因为在线社交互动而觉得互联网是个好东西。第三波，则是智能手机的普及，借助于第二波体验中熟悉的社交场景，婴儿潮世代便相对顺利地进入了移动互联网的世界。

对于 X 世代而言，互联网是相对年轻时 ——学生世代或者初入职场——就已经开始接触的事物。这个世代在"触网"前后已经基本上掌握了打字的技能，20 世纪 90 年代末到 21 世纪初通过互联网接触了音乐消费、社交通信、网络购物等新的在线活动。对他们而言，互联网既是工作的工具，也是生活的组成部分。当智能手机自 20 世纪末开始大规模普及时，这个世代也很自然地迁入移动互联网。

至于 80 后之后的 Y 世代，从小就跟互联网一块儿呼吸，共同成长。互联网对于这个世代的重要性，应不亚于阳光、空气和水这些传统上所谓的"生存要素"。与网络共生共存、一同成长，Y 世代重视选择与表达的自由，喜欢自定义、个人化的事物，习惯网络协作与分享，习惯同时多任务，看重速度。对于这个世代而言，食、衣、住、行、育、乐都自然和互联网有关，SoLoMo 是自然环境，各种 O2O 服务[1] 也是再自然不过的场景。

与各种网络应用密不可分、依赖互联网程度与日俱增的 Y 世代，年龄较长者目前已步入消费力最为旺盛的而立之年。未来的 20 年，Y 世代将逐渐成为全球消费市场的核心人群。而随着这样一个经验、习惯、思考模式与行为方式都与先前世代大相径庭的群体重要性与日俱增，全球各个消费市场近年因此发生剧变。

举个例子，马莎百货（Marks & Spencer）于 1884 年创立，在英国拥有超过 700 家门店。然而随着数字渠道的发达，消费者对于实体店面的依赖日益减少，因此，马莎百货宣告，自 2016 年起将不再在英国扩充新店面，而会以自营的电商网站当作新的旗舰店。

马莎百货中国官网

---

[1] O2O 全称 Online To Offline，又称线上线下电子商务。这一概念将在第七章中详细讨论。

新经济、新逻辑

数字时代让普通人生活的方方面面，在短短几年内发生了翻天覆地的变化。这些变化背后所蕴藏着的，是新兴的经济与商业逻辑。以下，我们将一一审视七项重要的新经济逻辑：

□ 信息不再稀有，边际成本趋于零，免费当道。

□ 无人能有效操控信息的传布。

□ 数字经济是注意力经济。

□ 数字经济是信任经济，也是共享经济。

□ 消费者身份多重化。

□ 用户为主。

□ 唯变不变，产业内涵与定义不断演化、不断被破坏。

1. 零边际成本的免费产品与服务

在信息依赖口语传递的原始社会，社会信息拥有者，常常就是社会权力的拥有者。诠释世相、发布信息的人是权力行使的主角，而初期传递信息的人则是权力行使的配角。无论是以古腾堡还是毕昇为源头的印刷术，都让信息可以通过文字，较忠实而大规模地传递。但是在过去，由于生产与复制成本的限制，无论以文字还是影音为形态，信息在多数场合里都是相对稀缺而昂贵的。

而现在，借助于数字时代的各种应用，人人都可以随时生产、复制、传递文字或影音等形态的各种信息，而这些信息的复制边际成本趋于零。这使得信息从稀有资源，变成无处不在、唾手可得。此时，网络化生活形态里的信息交流（例如随时随地从手机上收到的粉丝页信息）逐步取代传统意义上的所谓媒体选择行为。对应着零边际成本，网络相关的商业活动出现了形态各异的"免费"模式。

以 360 免费杀毒为例，2008 年这一软件问世时，全国正版与盗版杀毒软件的用户总和还不到一千万。而 360 因其免费特性，推出才三个月，用户数即逾亿。

周鸿祎谈互联网的逻辑 （优酷视频）

2. 信息要求自由

因为信息源不再被垄断、信息复制成本趋于零，以及由此导致的信息爆炸，使得传统的媒体发布信息，精英阶级（或意见领袖）传播信息，普通人单向接收信息，这种所谓的"两阶段"传播模式解释力日减。与此同时，传统传播情境里的"受众"，今天已成为随时随地拥有发言权的"用户"。用户所发出的信息，只要不违法，一旦传播开来，无人能阻拦；即便时过境迁，也不会被消灭。第四章中我们将看到一个因为企业服务失当，而让客户以短片形式在网络进行投诉的案例，这个投诉短片的网络点击率高达上千万次，其影响力可想而知。因此，与议题设定和信息扩散息息相关的商业沟通，在此环境中更难以由企业一方垄断或掌控。这是现代企业与终端消费者沟通时必须面对的新现实。

3. 注意力经济

由于数字时代里信息无所不在，而又如前所述不再有谁能轻易垄断信息，因此在庞杂无序的众声喧哗中，吸引到目标客户群的注意，并持续维系这份注意力的能力，便成为新经济里的沟通关键。过去十年间，数字空间里生发了一连串以 Web 2.0 为统称、以注意力为经营主轴的新形态沟通可能性。以"做粉丝、做爆品、做自媒体"见长的小米，就是很好的例子。本书第四章中谈到的营销沟通和第五章的 SoLoMo，其背景都是注意力经济。

4. 信任经济，也是共享经济

数字环境里，许多经济活动发生在参与双方或多方互不相识的情境下。通过第三堂课所将讨论的平台机制，数字经济让经济个体间的连接、媒合变得容易，也让传统上较难实行的许多共享机制得以落实。共享经济的经济意义是闲置资源的活化利用，其社会意义则是以信任驱动交易。因此，共享经济也就是信任经济，而其中通行的货币是声誉与善意。以此为前提，共享经济的元素包括：（1）因使用上的闲置而可供共享的实物或服务。 (2) 主要提供中介服务,但也常提供中介以外具有附加价值的服务平台。(3) 包围共享场景,或亲或疏的人际关系。(4) 前述特定人际关系中累积出的信誉。(5) 通过信誉所产生的场景相关信任。

符合前述各条件,以双边平台为基础的共享经济案例,多发源于美国。例如提供共享住宿服务的空中食宿(Airbnb)和梳化(沙发)旅游(Couch Surfing),提供拼车服务的布拉拼车(blablacar),提供共享户外花园空间的享家(Shared Earth),满足临时零工供需的跑腿兔(Task Rabbit),共享玩具的童趣(Baby Plays),租他(Rent That Toy)与火花盒(Spark Box Toys)等平台,共享各式领带的领行(Tie Society)服务,赠予剩余物资的全球捐赠网(freecycle.org)平台等。

这中间最著名的当属空中食宿,它提供的服务综合了交易与社交两个元素。更具体地说,通过在线交流了解双方情况,空中食宿使屋主与房客之间相互信任,进而产生了带有情感成分的交易。而这样的情感成分,也让住宿服务供给与需求之间相互满足,不再完全局限于斤斤计较的盘算里。

共享经济+信任经济: 跑腿兔服务介绍 (优酷网视频)

5. 消费者身份多重化

传统意义下, "消费"与"生产"是分工明确的两种经济活动:生产者提供价值给消费者,消费者支付对应的价格使生产者营利。但是在数字时代，消费者常常也扮演信息生产（如博客或微博发文）甚至供应生产材料（如众筹平台上的新产品开发项目赞助）的角色。因此，出现了"prosumer"这样的字眼，用来指代那些在数字时代里扮演生产与消费双重角色的网络用户。消费者们在变革中发生了迁移，被赋予权利，然后成为了企业格局全新的主导者。

此外，prosumer 还常在创造商业活动价值与消费之外，担当价值倡议者或价值附和者的角色。这就是阿里集团近年常提的 C2B（consumer to business，消费者到企业）的概念。在这样的概念下，有相同需求的顾客很方便地先通过互联网进行聚合，然后由品牌提供定制商品或服务。例如"天猫预售"，便采取卖得越多越便宜的方法，还有一种先支付订金，单量确定后取货再支付尾款的经营模式。

6. 用户为王

前面所提及的各项新经济特性，都影响并改写了企业独大、消费者弱势的传统形势。互联网以其实时、快速的影响力将消费者聚集成一个强大的整体，赋予他们更多的市场权利。这一过程消除了信息不对称，帮助消费者充分掌握产品、价格、品牌等关键信息，保证了市场以竞争为主导，从而稳固消费者的绝对地位。以前都说"渠道为王"，但数字时代里消费者得到的网络赋权（empowerment），让很多商业领域中的"用户为王"不仅是个响亮的口号，还必须落到实处。

在用户为王的趋势下，企业首先必须根据消费者的习惯变化，快速调整价值传递方法。譬如，随着数字消费者的生活不断向移动化、社交化发展，移动互联网已经成为一种主要的消费工具。因为意识到移动终端成为信用支付主流载体的可能性，招商银行近年来从"水泥＋鼠标"的第一代互联网服务，迈向"水泥＋鼠标＋拇指"的移动互联网服务模式。以 app 为基础，同样具备 LBS 及语音功能的微信平台作为移动服务站，招商银行正向着成为"指尖上的银行"首选而努力，通过不断尝试推出各种移动互联网时代的服务，亦步亦趋地紧贴着新一代客户的行为习惯。

其次，用户为王，也意味着不断优化用户体验，以竞逐用户青睐的大势。而用户体验这件事，又需要极为细致而充满同理心的观察与验证。举例来说，其他条件不变，移动设备和 PC 端相较，哪一种载体更方便用户分享信息？答案是移动设备。因为分享键在移动端屏幕上所占的位置相对较大，较容易被发现、按取。通过诸如此类的反复观察、验证，市场上不断出现新的贴心服务。

独特的用户体验

2013 年问世的"美柚女生助手"，开始时主要为女性提供经期预测。开发管理团队相当注重用户体验，他们将产品的可爱与好用作为主要优势，强调粉色系的接口视觉设计和两次点击完成任务的便利性。随着用户数的增加，功能也扩展到以社交为主轴的"她她圈"，论坛话题围绕着经期、怀孕、美容、瘦身以及美甲等女性关注的重点，且严格执行不让男性参与在线讨论的规则。通过这种安心、便利、亲近的服务，"美柚"锁定 12 岁到 50 岁的女性，经营"她经济"。

其三，用户为王的概念，配合数字平台的设置，也让细分的子市场因为自身的独特价值而实现经营的可行性。以招聘网站为例，除了具备普通同类网站的功能外，美国的 Glassdoor 和中国的"看准网"，都以"曝工资"而见长。中国新创在线旅游服务"麦田亲子游俱乐部"，则实验性地将目标消费者对准拥有 3 ～ 14 岁孩子的家庭。他们通过微信群的方式进行沟通，考虑到亲子家庭与一般游客的不同需求，根据目标人群来定义产品。

看准网官网首页

其四，用户为王的必要性，促使既有产业改变经营形态。举例来说，传统的大规模零售业，经营重点通常放在运营、物流、仓储、折扣等项目；然而进入数字时代之后，随着智能手机和 O2O 模式成为生活的主流，时间与地域上的界限已经逐渐消失。这时的潮流是结合零售（retail）与娱乐（entertainment）的新形态"娱乐化零售（retainment）"体验。这种零售经营趋势，着重于整合实体与数字空间里的 SoLoMo 元素，虚实整合地提供随时随地的体验服务。

7. 唯变不变

前一堂课里提到，商业社会里的历史必然是"变"。这样的必然性，在数字时代里因为前面所说的各种新经济逻辑，例证尤其鲜明，冲击尤其强烈。在过去几年与可预见的未来几年间，那些面向普通人的各个行业，例如零售、金融、娱乐、医疗、教育等，由于环境的差异，已经或者即将经历打破重组这样颠覆性的巨变。程度最轻的，至少也需要面对衍生于移动互联网、具有破坏性创新模式的严峻挑战。

以零售金融为例，在著名畅销书《银行3.0》（*Bank 3.0*）里，管理顾问布雷特·金恩（Brett King）把互联网出现之后的银行形态划分为四个阶段。在第一个阶段里，网络银行作为一种新的渠道而出现，在线社群也开始蓬勃发展，这些变化都让顾客取得相较于传统更加多元的选择以及更加自主的控制权。第二个阶段是移动阶段，以随时随地、无所不在的移动终端为表征。在第三个阶段里，移动终端经过进一步完善的移动支付功能，顾客通过移动装置即可完成绝大多数的传统银行交易，基本上已不太有使用实体银行的必要。这个状态继续演化下去，未来会演变到布雷特·金恩所预测的第四阶段，到那时"银行"这个词汇不再指一个场所（因为顾客已经不再需要作为场所存在的实体银行），而是一种"银行业务照旧，银行店面不再（Always banking, never at a bank）"的多元行为。

依照这样的推论，互联网对于现有金融业的长期影响，就是"去银行化"（de-banking）。而如果接受这样的逻辑，则传统银行业者在被消灭之前的自救之道，就是舍弃几百年来由于地理因素而采取的分行组织架构形式，而彻底转变为利用科技提升顾客体验、在增加价值的同时以顾客为导向的多渠道服务。

《银行 3.0》原作者布雷特·金恩现身说法（优酷视频）

世界到底平不平？

几年前《纽约时报》记者托马斯·弗里德曼（Thomas Friedman）曾经创作过一本全球畅销书——《世界是平的》。他认为在逐步实现全球化与数字化的世界里，传统地理的疆域与限制已基本消失。然而，在互联网的世界里，世界果真是平的吗？事实上，如果以全球互联网用户访问各网站的人群分布状况为衡量标准，研究不同国家之间网络用户点击目标网站的共同点与不同之处，我们会发现，文化、人口、地理距离、经济发展程度等变量，都明显决定了不同国家人民经常点击网站交集的大小。

那么，如果把观察的焦点从国家缩小到个人，情况又如何呢？只要想想你今天或这星期内所上过的网站、社交媒体上互动过的朋友、手机上打开过的 app，你应该会理解到，虽然网络世界本质上无远弗届、无限宽广，但作为网络用户的你我，在线的种种活动仍局限在一个熟悉惯用的"小世界"里。一般的网络用户，因为惯性与惰性，不论在传统台式电脑还是在移动终端上，其实鲜少跨越每人各自那堵隐形包围小世界的墙而出走。

在这样的理解下，全球化环境中晚近常闻的"世界是平的"一类说法，无论以国家为单位或以用户为焦点，都无法真切描绘网民实际的在线信息行为。这个世界，概念上可以是平的，但现实上并不是。

万山不许一溪奔

尽管如此，依附着数字环境的商业力量，仍在自利的动机下，多方尝试推倒模拟时代由地理限制或产业疆域所形成的藩篱。

在突破传统地理限制方面，阿里集团的"下乡"就是个鲜明的例子。譬如主要在中国一、二线城市引爆快速增长的支付宝和支付宝钱包业务，都会在地区增长趋缓后，开始向较边陲的地理区域拓展业务。到了2014年，支付宝和支付宝钱包的新增用户，三、四线城市的占比已高于一、二线城市。而阿里集团出城入乡的地理拓展更具体的例子，是2014年淘宝从总部所在的浙江省开始，展开的"千县万村"计划。

📶 桐庐县的洪林妹 📶

这里整理了一下媒体的相关报道，用实例来说明一下淘宝的"下乡计划"。浙江省桐庐县山畲族乡龙峰村，距离县城有三十多公里。2014年，这个村里的一家副食店，设立了一个"龙峰淘宝服务站"，负责人是副食店的店主，叫洪林妹。经过简单的培训，洪林妹通过淘宝所提供的上网硬件设备，让没接触过网购，甚至没上过网的村民，在她协助下在屏幕上挑选商品，并通过她的账户下单，由她先垫付货款。验收货物之后，满意的村民再付款给洪林妹。服务站在年底"双十一"当天开张，首日成交两百多单，总金额三万多元。参与购物的包括 71 岁从没上过网的妇女叶开秀。她花了 99 元，买了双"双十一"特价的皮鞋。

2014 年桐庐县内类似的农村淘宝服务站已经达到 19 个，淘宝甚至计划到 2015 年"双十一"之前，在桐庐县内建成 200 个类似的服务站。乐观地估计，这类服务站作为偏僻地区全新的零售据点，一方面可能吸引外出打工青年回乡担当负责人，另一方面，这些人未来甚至可能经营反向电商，在各据点扮演农产品运销的重要角色。

传统上原有的经营业者合力维护的产业疆域概念，此时则遭遇了移动互联网时代的一阵阵数字冲击波。就如上一堂课所谈到的经营者"人性"，遇到破坏性创新时，已在固定产业疆域内以既有模式盈利的原有业者，普遍的应对方法是诉诸科技或者法律，希望能够阻挡数字浪潮的侵袭，维系既有模式在市场上的垄断经营权利。与此同时，每当遇到新旧冲突，由于相关法律、法规往往是遵循原有经营模式所设定的，执法部门往往会选择站在旧业者的一方。

以台湾观光管理单位为例，2014 年夏天，该部门特别邀请蔡依林担任形象大使，大张旗鼓地号召"打非法旅宿，抗日租套房"，希望替传统旅馆业者拦诸如 Airbnb 一类共享经济服务所带来的房客流失挑战。然而如前所述，闲置资源的共享，在新经济里本是再自然不过的逻辑。当下旧思维通过强硬阻拦新生商业模式，短期内或可收一时之效；长期而言，则难以抵挡效率更佳的新模式遍地开花。

🛜 闲置资源的共享逻辑 🛜

既然谈到 Airbnb，这里我们就来看看这个应用了新经济里共享逻辑的在线平台。

Airbnb 最初是由两个旧金山设计师共同经营的网站，他们设计这个网站的想法非常简单——利用闲置房间做二手房东。在旧金山举办的一场大型会展中，由于房源紧缺，Airbnb 接到了第一单生意。尝到了甜头的他们迅速锁定美国各大城市类似的会展，利用此类机会拓展网站业务。在逐渐发展的过程中，为了进一步发展壮大，两位设计师通过不太艰深但颇为烦琐的技术活儿，"黑"进美国颇具规模的租房平台 Craigslist。这里的"黑"，并不是传统意义上黑进他人服务器作怪的意思，而是靠技术活儿吃市场巨头的豆腐。Airbnb 宣布，凡事有房东在 Airbnb 网站上贴出短租信息，他们会自动将该信息转载到 Craigslist 合适的版面上。这件事本身对房东有极大的吸引力，出一份力，信息能在两处公布，何乐而不为？因此，作为一个双边平台（详见第三堂课的说明），房东这端就很健康地成长了起来。

那么平台的另一端，有短期租赁需求的房客，要怎么做大呢？经过长时间细致的研究，Airbnb 团队发现，许多房东由于拍照技术有所欠缺，把许多潜在房客挡在了门外。鉴于这一情况，他们决定采取一个需要耗费大量人力的方法：聘用大量专业摄影师，以免费的形式从专业角度为房东拍摄房屋照片，确保房屋状况准确传达，从而帮助房客树立信心。2010 年夏天，

Airbnb 跟 20 名摄影师签约，在美国大城市帮助房东拍摄室内照片。这次战略再度奏效，房客的需求被有效地吸引、挖掘出来。

为了实现进一步发展，Airbnb 团队意识到，房东和房客这两头各自的"信用"风险是他们彼此间交易的阻力。Airbnb 巧妙地利用技术手段，解决了信任问题。2011 年夏天，Airbnb 让用户在接口上直接与他们的 Facebook 账号连接。因此，平台任意一端的用户都可以看到对面用户在 Facebook 上的社交状况，简单地进行背景调查。

第三堂课　平台、平台

LESSON THREE

互联网商业应用的基础概念——平台

"平台"这个概念在不同的领域有各种不同的意义。

在日常生活中，我们常常将某个场合、某类会议指代为"意见沟通平台"或"信息交流平台"。我们在本章内容中所要讨论的不是这种意义的平台。

在工程领域，模组化的生产制造或提供服务情境里，也常提到不同产品或服务共用一个平台。例如福特、马自达、起亚曾在亚洲共享以底盘为基础的小型轿车"汽车开发平台"，飞雅特和 GM 在欧洲也有类似的平台合作。最近，吉利集团收购的 VOLVO，也宣告将和吉利汽车共享 SUV底盘平台。然而，这类系统工程意义下的平台概念，同样不是我们关注的重点。

排除掉日常语言和系统工程领域里指涉的概念，在这里我们所关注的"平台"，其涵盖事实上相当广。下面这些五花八门的生意，都有一个"平台"作为经营的核心：

❑ Android Play 的 app 商店

❑ 智联招聘、前程无忧的人力中介服务

❑ 脸书、Line、微信等线上社交媒体

□ QQ 音乐、酷狗音乐、声震天（Spotify）这类的音乐串流服务

□ Google、百度这类的搜索服务

□ 《参考消息》的电子版本和实体版本

□ 美团网、糯米网等团购服务

□ 支付宝这类的互联网金融支付工具

□ Duolingo 这类的语言学习机制

□ Apple Watch 这类的智能穿戴装置

□ 大众点评、Uber 这类的 O2O 服务

□ 富士康、腾讯、Google 等各类企业都想做的车联网

总而言之，互联网上的各种新旧商业模式，其基础无非都是"平台"。因此，理解乃至掌握互联网商机的关键前提，在于弄懂接下来我们所要讨论的"平台"的相关概念。

平台不是新玩意儿

谈数字营销、电子商务、O2O 等新时代的议题，都不免提到"平台"这个词汇。因此，为了掌握进而玩转这些新时代议题，也必须先抓住"平台"的相关概念和含义。话虽如此，平台本身却并不是一个新近才走入公众视野的名词。早在互联网出现之前，世界上的许多商业活动就已经在各种平台上展开了。

简单地说，若市场上有 A 与 B 两群人，每个群的成员分别具有相似的特质，且大多数成员之间相互有联系（或者至少具有共同的兴趣），则这两群人的总和可以称之为一个"双边网络"（two-sided network）。若双边网络的两群人中，至少有一群强烈需要另一群，而满足这种需要又必须借助一些产品、服务或系统，那么这些产品、服务或系统，即为此双边网络里的一个"平台"，简称"双边平台"。

遵循着这样的定义，我们不难理解，包括采用日本经营模式的百货公司（这种公司本身主要扮演房东角色，一边聚集那些愿意承租店面的品牌商，另一边吸引具有购物需求的消费者）、传统的银行零售金融业务（一边聚集了一群有闲置资金的存款客户，另一边聚集了一群有资金需求的贷款客户）等在内的，许多行之已久的商业行为，一直都是在双边平台的基础上进行的。

表3-1列举了一系列新旧经济里具有代表性的双边平台。这些例子中，双边平台可能是一种产品（例如计算机），可能是一种服务（例如金融），也可能本质上是一套系统（例如社交网站）。无论如何，分属平台双边的两个群体，通过平台这个媒介，取得了原本无法轻易获得的价值。而这种价值，一些时候是由一端的群体提供、借由平台而实现的，另一些时候，则是由平台提供，通过另一端对平台的赞助而实现的（如社交或内容网站，用户的使用价值来自平台提供的信息，而平台因为广告商的赞助才得以持续经营）。

表3-1 双边平台示例

A 群顾客	作为媒介的双边平台	B 群顾客
读者和观众	报纸、杂志、电视节目	广告主
购物者	日式百货（如 SOGO）	承租店商
贷款客户	零售金融业务（如银行）	存款客户
持卡人	信用卡	店家
计算机用户	个人计算机（如 ASUS 计算机）—	第三方软件开发商
手机用户	智能手机（如 iPhone）	App 开发商
求职者	人力中介业务（如 104 人力银行）	雇主

（续表）

在线购物的买家	电商平台（如淘宝、奇摩超级商城）	进驻的卖家
用户	社交网站	广告商
有雇车需求者	O2O 应用（如 Uber)	空闲的车主或司机

＊注：信用卡其实还牵涉收单银行与发卡银行等机构，所以实际上是超过两边的"多边平台"。此处将其后台场景忽略，简化为"双边平台"来解释。

正或负，这边还是那边？

就经济意义而言，双边平台上通过平台媒介，可能产生四种类型的网络效果：

1. 同边正向

当某一边的参与人数越多，则同一边每个参与者的个别效用就越高。例如微博与微信的用户群，如果有越来越多的朋友开始使用该平台，则每个人因有更多在线互动的机会，而大幅提高效用。

2. 同边负向

当某一边的参与人数越多，则同一边每个参与者的个别效用就越低。例如百货公司周年庆时，商场内往往人满为患。这时购物的消费者在拥挤不堪的空间中会产生反感的情绪，反而会减少购物的欲望。

3. 跨边正向

当某一边的参与人数越多，则双边平台另一边每个参与者的个别效用就越高。例如在线专车平台（如Uber），一旦平台经营出越来越庞大的、有租车需求的客户群，属于平台另一边的车主加入这一平台的意愿就会越强烈。

4. 跨边负向

当某一边的参与人数越多，则双边平台另一边每个参与者的个别效用就越低。例如新闻网站的读者群，如果发现版面上到处充斥着广告信息（即意识到来自平台另一边的干扰越来越多），则效用会降低。

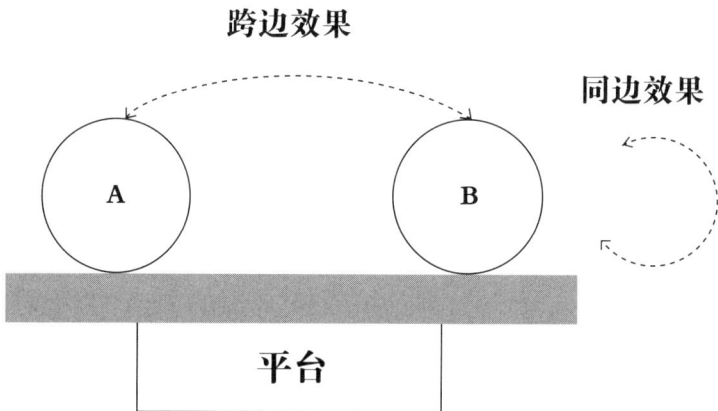

图 3-1 平台与网络效果

把平台养大

从商业角度出发，经营双边平台，首先在于扩大平台两端的客户群，而后借由合适的商业模式，从一端或两端的客户群方面创造营收。在这样的逻辑下，双边平台的成长管理重点包括：

1. 聪明的双边定价

同任何生意一样，从无到有经营双边平台两边的客户群，常常需要通过价格管理来进行调节。此时或许会陷入西方所谓 "第二十二条军规（catch-22）[1]" 中 的 "鸡生蛋，还是蛋生鸡" 的矛盾，迷茫于到底应该如何进行双边定价，又应该先把资源用来发展两边中哪一边的客户群。

双边平台的双边定价，概念上有 "收益方"（money side）与 "受补贴方"（subsidy side）之别。顾名思义，双边平台常常通过低价或甚至免费的手段，"补贴" 平台某一边（受补贴方），目的是迅速扩大这一边

---

[1] 美国二战小说《第二十二条军规》，规定飞行员必须丧失心智才可以除役，却又必须本人亲自申请，显现其荒谬与矛盾。

的客户群规模。而后，通过"跨边正向"效果的作用，吸引另一边客户群受补贴方加入平台，并由这边（收益方）赚取收益。

双边平台的跨边效果常常不是对称的。因此，若平台两端 A、B 两群顾客中：（1）A 群是 B 群的目标顾客；（2）B 对于 A 需求较强烈；（3）A 的价格敏感度较高；（4）A 群有"同边正向"网络效果；（5）A 群对于平台的需求强度较低，则 A 群较适合接受补贴。

2. 精简为上

除了财务成本外，双边平台两边的客户加入平台，都会另外产生时间、精神、学习等成本。因此，平台管理上针对两端客户群所能提供的非价格诱因，就是使用便利、流程精简。以作为双边平台的智能手机操作系统为例，用户端的用户经验优化管理，以及 app 开发商的审核上架流程精简优化管理，其优劣都将直接影响到平台两边的客户群规模。

3. 就是要不一样

如果面对的是竞争者众多的平台战场，那么寻求有意义的差异化可能，无疑是重要的竞争战略选项。当然，这里的差异化，重点在于让至少一边的平台客户群能清楚认知到该平台提供了不同于其他竞争平台的价值。例如在西方诸多社交网站平台之间，Linkedin 不经营一般休闲性社交，而专注面向"职场"场景，因此得以成为职场社交领域的龙头。

4. 从利基做起

在竞争者众多的平台战场上，另一个差异化的可能性，是着力于特殊、狭窄、尚未被有效经营，但未来可能有涟漪扩散效应的利基型细分市场。在这方面，Facebook 就是一个显著的例子：它早年仅针对哈佛大学的学生群，后来扩展至常春藤联盟的几家大学，再延伸到全美大学院校间，而后走出校园，进入社会，为所有有社交需求的公众服务。

5. 巩固核心杠杆业务

数字时代的双边平台，实际中往往通过扩展业务，实现壮大客户群的目的。此时就需要确立一项平台的核心业务，以这项核心业务作为杠杆来连接并支撑起新业务。阿里集团里的支付宝、Google 的在线搜索技术，在它们近年扩展业务项目的过程中，都扮演了相当关键的核心杠杆角色。

6. 市场包覆与反包覆

假设市场中有 A 与 B 两个双边平台，彼此的经营项目有所重叠，也有所不同，因此彼此的双边客户群在交集之外也有所差异。如果此时，A 平台通过各种方式，逐步扩展业务，增加服务，发展到已经能够涵盖 B 平台所有服务的程度，那么，由于 A 平台的全面性，B 平台就面临着被取代的威胁。当这种威胁转变为现实，B 平台的客户群全部转移至 A 平台。此时，就称为 B 平台被包覆（enveloped）。

最典型的平台包覆事例，当属 90 年代晚期原为市场龙头的 Netscape 浏览器。由于微软将其自主开发的 IE 浏览器捆绑于市场独大的操作系统中免费提供给用户，Netscape 浏览器的龙头地位遂逐步遭到侵蚀、包覆。

📶 Line 对于 Mixi 的包覆 📶

日本在线社交市场中 Line 取代 Mixi，也是一个鲜明的事例。创始于 2004 年的 Mixi，曾是占日本龙头地位的社交网络平台。创始同年，即推出手机客户端。很长的一段时间里，Mixi 以严谨的会员认可机制（即旧会员推荐是新会员加入 Mixi 的唯一途径）而著称，也广受日本人的喜爱。但 2011 年以实时通信为主轴的 Line 问世，Line 涵盖了 Mixi 的主要功能，在实时通信的便利性上则远胜于 Mixi，且陆续扩展业务至购物、娱乐等方面。近年来，越来越多的原 Mixi 用户将在线社交从 Mixi 移转至 Line。此时，Line 即典型地包覆了 Mixi。

数字平台的特性

平台，如前所述，是商业活动中既来就有的一种模式。然而在本书上一堂课所提及的零边际成本、注意力经济、共享经济等新经济逻辑驱动下，数字平台有着以下将讨论的，较诸模拟时代平台更为鲜明的特性。通过这些特性，搜索成本得以降低，交易成本得以减少，因此就也生发出更多元的新商机。

1. 高效连接与媒合

从传统角度来说，"连接"与"媒合"的供需两端，是平台作为一种商业形态所扮演的主要角色。数字环境里边际成本趋于零的各种信息沟通样态，则大幅降低了传统上双边平台聚客以及双边互联等项目的"摩擦系数"，让平台可以将"连接"与"媒合"功能发挥得更加淋漓尽致。而反过来，许多运营范围受地理位置和沟通成本所限制的连接与媒合需求，也通过数字平台得到满足，从而实现更加高效的连接与媒合。

以近年方兴未艾的众筹项目双边平台为例，如美国的Kickstarter.com与中国的众筹网，将平台一端出自商业、公益、猎奇、个人自我实现等各种目的的项目筹资需求，和平台另一端对于不同项目发展方向有投资或赞助意愿的出资者加以连接与媒合。筹资方于平台上详细解说项目内容与目标，出资方直接于平台上进行大小金额不等的出资动作。在这样的背景下，此类平台所连接媒合的，可能是利益，可能是兴趣，也可能是理念。

至于纯粹以利益为出发点的平台连接与媒合，很典型的例子是国内近年火红的 P2P 借贷平台。在这方面，拍拍贷于 2007 年创立，是中国第一家 P2P（peer to peer）借贷平台。双边平台的一端，是有借款需求者，另一端是有余钱而欲贷放收息者。通过低交易成本的在线平台，去除传统的银行中介，借贷两端理论上都能有更优惠的条件。2007 年，拍拍贷平台成立，初期平台不涉入风险担保。2010 年，红岭创投首开平台担保的 P2P 借贷模式。到了 2012 年，市场上出现由软件开发商提供的"网贷模板"；任何人只要购买一套模板，就可以开展 P2P 借贷平台业务。一时风起云涌，甚至连连锁火锅店（北京笋笋酸汤鱼火锅）也开始经营 P2P 在线借贷平台。当然，当流行变质为歪风，便造成了借贷平台的连续倒闭潮。

2. 多样的附加服务

除了连接与媒合，现今的数字双边平台，也经常通过添加增值服务，为平台两端顾客提供更加多样性的价值。而提供多样性价值，一方面可以为平台吸引更多、更大的客源，另一方面也有望提升顾客对平台的依赖性以及行为忠诚度。

2004 年，阿里集团为了扶持新创立的淘宝，在中国市场社会信任程度较低、支付工具发展较慢的时代背景下，推出第三方支付工具——支付宝服务。这个连接买家与卖家，并以确保双方权益作为主要价值追求的支付平台，成功地协助作为双边平台的淘宝攻城略地，在中国市场击溃全球 C2C 电商龙头 eBay。

针对中国市场特性，阿里集团借由支付宝作为数字杠杆，后续又拓展了 B2C 电商、团购、打车等业务。另一方面，直接以支付宝这个双边平台为基础，阿里集团近年来也打造了一系列衍生的双边平台。最吸引眼球的当属 2013 年 6 月开始的余额宝服务。作为双边平台，余额宝成功连接了账户中有余额的支付宝用户和身处另一边的基金发行公司。此外，2014 年 8 月，阿里在支付宝上建构号称初步有七大类六十余项接口的开放平台，提供企业实名认证商家与第三方软件开发商，通过 API 接口，开设包括服务窗、二维码、Wifi、卡券等与支付、数据分析、会员管理和营销相关的衍生服务。

2010 年开始，淘宝也以"淘宝旅行"为名称，经营在线旅游业务平台。除了航空公司与酒店等直接的旅游服务提供商外，也提供其他的在线旅游业者（OTA）开店进驻。2014 年，"淘宝旅行"改名为"去啊"，企图通过阿里生态系内其他（如支付宝）平台的撑持，推出"机票一键退改签"、退票一小时还款、退房无须排队付款的"酒店后付"等携程一类传统 OTA（在线旅行服务商，online travel agencies）无法提供的服务体验。

3. 收益方养不大，平台就难做大

平台论述的基本假设，是平台除收费上可能分"收益方"与"受补贴方"之外，通常会以相对中性的态度，经营平台两端中同端的个体，以求成长。然而，因为经营的边际成本趋于零，数字平台也有可能在"鱼帮水、水帮鱼"的思考下,战略性地扶植收益方中的某些参与者,促其客源壮大,以此来增加平台的黏性。

在中国的电商市场,淘宝天猫的平台成长历程里就依从这样的思考。因此,稍早的阶段里,淘宝力推一系列原生于淘宝平台上的"淘品牌"。天猫创立后,更扶植不少"淘品牌"为"天猫原创"。作为纯粹的双边平台,淘宝与天猫一方面尽力维护消费者权益,一方面又在某些发展阶段里,着力照顾某些开店商家的运营。在这样的思考脉络下,平台与进驻店家间产生了某种协力关系。

天猫原创网页

相对地,无论是网络原生的京东或是现实世界里搏大的苏宁、国美,因为电商发展历程中自营商品的结构因素,以及与品牌供货商之间传统渠道上下游的关系,冲突难免。而当京东或苏宁易购于自营之外,开始经营起平台业务,则在早先的垂直冲突之外,又增加了水平冲突。另外,如在国内市场以化妆品起家的电商聚美优品,在尝试过自营化妆品 + 包含化妆品和鞋服类平台的双轨经营后,现在将自营项目扩大(原有自营 + 品牌合作授权 + 跨境自营电商),而将平台业务缩减(现仅剩鞋服类),则是个企图降低水平渠道冲突的调整。

4. 信任经济的基础

数字经济逻辑里的"共享经济"，本质是闲置资源的充分利用，而其实现的前提则是信任。没有信任，就没有共享。在我们中国，由于传统文化以及过去数十年的曲折历史发展的双重影响，社区意识薄弱，人与人之间的信任程度在熟人圈以外相当低[1]。相对地，欧美社会在其固有文化与信仰引导下，对于"信任"则给予了较为立体与轻松的空间。因此，迄今所见，需要倾注较大信任给陌生人进行相对敏感服务的项目，主要生发在西方的互联网市场里。

美国中产家庭常习惯雇用临时保姆照顾小孩，以方便自己参与夜间或假日的社交活动。数字时代里，很自然地就出现媒合父母与保姆的平台。然而，不同于前面所讨论各种以"物"或"钱"等"身外之物"为目标的平台服务，这样的平台在运行上必须先处理临时找陌生人到家里照顾小孩这件事，背后是相当敏感的信任问题。urbansitter.com 是在这方面相当有代表性的双边平台经营范例。作为一个数字双边平台，urbansitter.com 鼓励保姆端提供各种提高父母信任水平的信息。除了传统的个人简介、证书等静态信息外，更欢迎保姆们自录短片，降低父母在雇用保姆时产生的陌生感。在平台另一端的父母们，除了可以看到符合自身条件的邻近保姆的工作时间表、服务价格外，还因为 urbansitter. com 运用了脸书的社交与连接特性，可以较容易地去搜索脸书上朋友群曾雇用过且有所好评的保姆资料。

---

[1] 费孝通在《乡土中国》这本经典著作中所阐述的"差序格局"心理，对于中国文化里人们以非常不同的态度面对"生张"与"熟魏"两群的现象，是相当简明扼要的解释。

连接父母与保姆的双边平台 Urban Sitter 简介（优酷视频）

　　另一个例子是美国众筹平台网站 Thoughtful.org。跟一般众筹平台不同，这个网站的主要用户是那些无力负担庞大的医疗费用支出的病患，或者病患的亲人和朋友。通过这个在线社交网络＋众筹的平台，用户不必自己直接向熟人开口，就能获得所需的资助。具体一点来说，癌症病患可能无力负担每天需要注射的药剂开销，他或他的亲友可以登录 Thoughtful.org 网站，经过核查认证后，在该平台上介绍病患状况并寻求支持。平台设计方面，Thoughtful 强调每个医疗募捐活动信息会先通过发起者的在线社交网络发送，让原本即与发起者认识的亲友先进行第一轮捐款，再通过网络扩散效果和平台内容展示，让更多的人看到相关信息。

数字平台 ing

1. 产品平台化

数字环境里的商业创新过程中，近来常见的状况是，原本提供某种服务的数字商品，随着客户群扩大，并且努力吸引第三方提供多元互补性服务，从而摇身一变由数字产品转化为数字双边平台。

例如周鸿祎的奇虎360，借助给广大中国网民提供免费杀毒软件"360安全卫士"，并不断开发新的免费服务的方式，吸引了超过5亿名注册用户的庞大客户群。在这样的客户群基础下，360安全卫士由产品转而平台化，一端经营用户群，另一端则吸引广告商与第三方软件开发商的投入。

另一个例子是微信。原以QQ这一聊天软件而众所周知的腾讯，2011年推出实时通信服务——微信。2014年年中，这一软件的用户数量已达4.38亿。初期，微信是个标准的通信服务性数字商品，免费提供给用户使用。后来，除了各种与通信有关的功能，服务逐步扩充至游戏、支付、理财、网购等业务领域，并且成为一个双边平台。而对于一般品牌商而言，微信的主要用处则在于包含"订阅号""服务号""企业号"等选项的微信公众平台，以类似粉丝团一类的在线营销互动沟通。在这样的背景下，微信所代表的双边平台，一端是用户，另一端则是开通"订阅号""服务号"与"企业号"的品牌商。

微信公众平台首页

平台之上，可能因特别聚焦于某一项功能或特性，而连带衍生出互补性的新平台。近来由于"公共号"与"服务号"的需求趋向多元，出现了一批微信后台开发商。腾讯因此借力使力，建构开发商聚合平台"微信云"，作为微信生态圈中的一个互补性双边平台。这个双边平台，一端服务有在线营销沟通需求的品牌商，另一端则聚集了满足这种需求的公众号后台开发商。

2. 平台移动化

智能手机普及的影响之一，是传统用户端对于 PC 的需求，逐渐转移至移动端。因此，原先于 PC 环境中创建的数字平台，相对应地展开各种移动化工程。尤其是各市场里的数字平台，都在此趋势下，主动或被动地进入移动领域。举例而言，作为一边面向用户，一边面向广告主的百度，其移动搜索量从 2014 第三季度开始已超越了 PC 端。

第一章里提及的在线音乐市场，也在平台移动化趋势下迎接新的服务模式。2001 年苹果建立的 iPod+iTunes 系统，基本上是台式电脑和笔记本电脑时代的产物。这套系统的基本假设是： （1） 在线音乐的消费形态是单个音乐文件的购买与下载；(2) 消费者在自有硬件（ipod 或计算机）上储存所购买的音乐文件；(3) 在线音乐的消费行为与计算机使用行为互补。

十多年后的今天，音乐串流服务的重要性日渐凸显，移动终端的普及正是其中非常关键的推手。对于如 Spotify 一类的串流服务而言，运营的新逻辑则是：(1) 在线音乐的消费形态是消费者对于庞大音乐数据库的订购；(2) 消费者通过移动载体，以串流的方式享受储存于云端的各种音乐；(3) 在线音乐的消费行为与传统计算机使用行为基本上无关，大多数时候发生在随身携带的移动载体上。在这样的变迁下，在线音乐消费平台正经历一个由计算机时代步入移动时代的"典型转移"(paradigm shift)。

再以在线旅游平台为例。OTA (Online Travel Agencies) 一端是旅游需求者，另一端是航空公司、酒店等旅游服务提供商。除了传统意义上旅游业所具有的显著季节性需求、无法储存的服务提供等特性外，本地化产品以及实时性服务更是当下各 OTA 竞逐的项目。而这些项目，都与移动趋势有密切的关联。例如目前中国最大的 OTA 携程，其移动端在酒店和机票的业务量方面，都已超过 PC 端。

3. 谱写变奏曲

当下数字平台发展的另一个趋势，是当某类平台经营的商业模式被市场认可后，随之便出现围绕着该商业模式的各种细分化、差异化或本地化经营目标。这里，我们以成功打入数十国市场的在线专车平台 Uber 为例，看不同市场里以 Uber 模式为基调的几种变奏形态。

Uber 于2013年 9 月进入新德里、孟买等印度大城市,但受限于高价,市场接受度有限。反倒是印度本土出现的类似 Uber 模式的电动三轮车叫车服务 Autowale 更为亲民。适应印度特性,用户除通过 app 外,还可以借网站、电话来叫车。乘客每次付出 33 美分的叫车费用,而司机通过短信取得叫车信息。

Autowale 简介 (优酷视频)

在 Uber 的模式下,美国纽约州也出现了专为女性服务的 She Taxis,属于特殊客户群的利基型叫车服务。作为双边平台,She Taxis 一端是以粉红色披肩围巾为标识的女性出租车驾驶员,另一端则是利用 She Taxis 叫车的乘车乘客。与众不同的一点的是,同车的乘客之间至少须有一人是女性,否则 SheTaxis 将转单给其他出租车服务业者。

这个模式既然可以载人,那么为何不试试载货?这就是总部位于香港的 Go Go Van(高高客货车)业务了。同样通过叫车平台 app,串联起货车司机和需运货用户两端,它解决了一般人的运货需求。

4. 经营生态圈

如前所述,双边平台实现了需求与供给的媒合、连接。当一个专营特定需求领域的在线双边平台,在经营上达到一定的规模后,接下来很自然的战略选择，便是跨界经营其他领域的在线平台业务。具体的做法，可能是在既有平台上提供新的附加服务，并以这种新服务为依托重新开辟一个全新的平台；也可能是直接通过自创或并购，掌握原本与既有平台服务无直接关联，但长久而言彼此功能互补的新平台。如此，企业辖下的服务，由单一平台慢慢扩展为多平台，而逼近可满足用户多数需求的生态圈经营概念。

因此，我们看到 Google 在文字搜索业务奠下无人能敌的平台根基之后，开始经营地图、音乐、影音、支付等不同的平台。尤其通过 Android 移动装置操作系统平台，将原先以计算机为主的各种平台业务，移植到移动场景里，更加发扬光大。在这样的动态布局演化中，Google 已由十多年前的单一搜索引擎平台，逐步经营起一个由旗下众多平台互补衔接起来的数字生态圈。无论工作还是休闲，用户的各种（广义的）信息相关需求，基本上都能在 Google 生态圈中得到一定程度的满足。

当然，跨平台的全生态圈经营这回事，并非专属于 Google。苹果与亚马逊，也各自通过一连串结合软件与硬件的平台创发，与 Google 进行数字环境里的生态圈竞争。在 Google，苹果与亚马逊间所发生的此类竞争，有直接相互抢夺消费者市场的领域（如 iOS vs. Android，亚马逊 Fire TV vs. Apple TV 等），但也不乏各自独领风骚而其他两方望尘莫及的地方（如 Google 的广告营收机制、Apple 在工艺设计方面的优势、Amazon 围绕着 Kindle 硬件所创造出的独特阅读体验等）。

相对而言，跨平台的全生态圈经营竞争，近年来在中国市场更加激烈。最显而易见的，是百度、阿里、腾讯（所谓 BAT）三方集团间的短兵相接。表 3-2 简单列出这三个集团环绕着用户所各自进行的生态圈布局。从该表中不难看出，这三个原始背景大相径庭的集团，在生态圈经营这事上跑马圈地的剑拔弩张。

表 3-2　BAT 跑马圈地下的众平台

平台布局	百度	阿里巴巴	腾讯
网络购物	百度购物、微购	淘宝、天猫	腾讯电商、易讯网
云端运算	百度云	阿里云	腾讯云
团购	糯米团	美团	大众点评
支付工具	百度钱包	支付宝	财付通
信用贷款	百度小贷	阿里小贷	财付通小贷
基金理财	百发	余额宝	理财通
通信	百度 Hi	来往	QQ，微信
地图	百度地图	高德地图	腾讯地图
打车	地图打车	快的打车	嘀嘀打车
旅游	佰程	去啊	QQ 旅游、艺龙

＊注：　所列项目包含各集团自有平台与重要持股投资项目。

第四堂课
LESSON FOUR

撑起数字营销沟通杠杆

面向数字时代的顾客，企业如果想有效地进行各种沟通活动，甚至创造沟通方面的"数字杠杆"效果，首先必须确实掌握各种数字沟通工具的适用情境与使用限制。在这一章节里，我们就从整合营销沟通的角度，来剖析现今较重要的数字营销沟通工具样态。因为本书的定位，我们将把焦点放在战略面的理解，而至于技术实现的细节问题我们就暂不讨论。

　　常常听到不同的人，因为不同的经验、专长，一谈到数字营销沟通，要么把它直接等同于"网络广告"，要么把它简单归纳为"社群营销"，甚至有官网一建万事足的想象。这些连接所指涉的沟通形态或者沟通工具，的确都是数字营销沟通中可能应用到的环节。但如果要更全面地掌握当今各种可能数字沟通工具，那么便需要从理解"推、拉、传、动、释"这简单的五个动词，以及它们相关的各种工具开始。

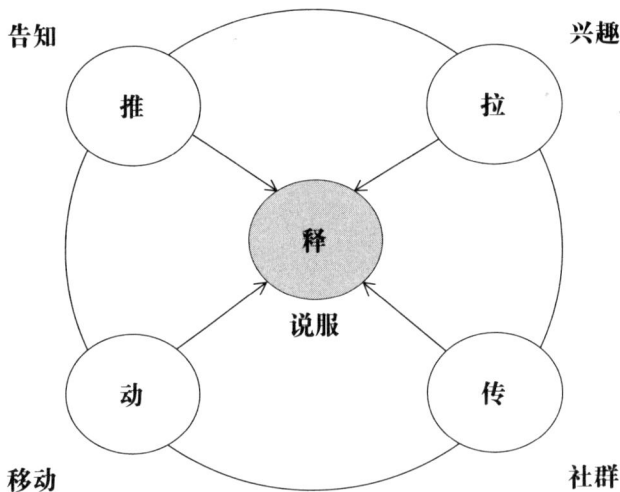

图 4-1 数字营销沟通的推、拉、传、动、释

"推"着沟通

　　20世纪主要通过大众传播媒体所进行的营销沟通（尤其是广告活动），依据媒体（报纸、电台、电视、户外广告牌等）特性，设计合乎该媒体特性与沟通目的的信息，进而通过媒体向大量的视听人传递信息。这种"推"信息的做法，对于视听人的媒体关注行为（如看报、看电视等），实际上是种程度或轻或重的干扰。

　　网络商业化开始后第一拨出现、迄今仍广为采用的数字营销沟通工具，便是寄居于数字媒体，本质上承袭模拟时代干扰式推送信息以进行沟通的展示型（display）广告。这种数字广告模式发展迄今已20个年头，信息呈现也从早年的静态文字发展至如今花巧炫目的多媒影音展现。传统上，展示型广告圈曾就到底是"曝光"本身就有效，还是需要"点击"才有意义这方面有过争议。现在，多数人已能接受曝光本身在品牌化动作或信息告知上的意义。全球大广告主之一的可口可乐曾进行大规模的研究，以厘清数字与模拟广告的差异。该研究的结论，简单地说，就是展示型广告的效果与传统电视广告相仿。究其运作模式，两者事实上都是以干扰进而吸引视听人的专注，直接以作为"干扰源"的信息去完成沟通的目的。

　　这样的结果符合当今业界的基本共识。因此，在可预见的未来，越来越多元的展示型广告，通过台式电脑、笔记本电脑、平板、手机等载体的屏幕，仍将不断地被推送到网络用户的面前。

"推"信息这码子事，现在还涵盖了"原生广告"（native advertising）模式。原生广告概念由风险投资人弗雷德•威尔逊（Fred Wilson）提出，指设计与内容都和网站或 app 密切贴合，因此在用户体验上和网站、app 的服务融为一体而无强烈干扰感的广告模式。这种广告模式非常强调推送相关内容、整合用户体验的视觉整合设计。譬如西方 Facebook 的 Sponsored Stories，执行上让用户不容易察觉到广告的干扰，便是原生广告模式的例子。至于原生广告的形式，则可能包括文章、音乐、影片、图片等。

📶 数字时代的广告推播 📶

在用户信息渠道与信息行为都越来越零碎化的今日，互联网上的广告操作，也随着技术的进步以及广告主精准营销的要求，而与往日的广告操作模式大相径庭。

19 世纪就有广告主针对广告效果的难以捉摸而感叹："我知道我的广告花费有一半是浪费掉的，但我不知道是哪一半。"从 19 世纪的平面广告到 20 世纪的电视广告，乃至世纪末开始出现在网站上的展示型广告，操作的步骤，通常是先定好预算和信息暴露量，选择与目标客户群的视听习惯最接近的媒体与载体，然后进行广告档期的排程。此模式的本质，是认知到广告主在单一媒体上可以接触 N% 的目标客户群，N 的数值随不同媒体而异，而目标客户群在不同媒体间有交集也有补集，所以常从 N 最大的媒体选择起，进行媒体购买。

随着 Google 所建立的面向广告主的 AdWord 与面向内容网站的 Adsense 服务，配合外围如 Display Network 的建置，关键词广告生态圈早已产生了实时竞价、"买顾客"而不再是"买媒体"的转折。在这样的生态下，传统媒体购买思维"最大化购买媒体的目标客户群比例"的逻辑，也已随之蜕变为"不是目标客户群不会接收到广告"的理念。

而这种实时购买、精准营销的逻辑与做法，近年也延伸至展示型广告。市场上聚集各种内容网站贩卖广告版面需求的"广告网络"（Ad Network），其实是标准的双边平台：一端是广告主，另一端是内容网站。广告网络发挥平台链接、中介的特性，媒合广告主刊登广告与内容网站收取租金的需求，并靠中介的佣金牟利。

但是每一个广告网络里的各种广告位存量（也就是签约的内容网站可登各种广告的版面）却未必处在最适合的状况。譬如某广告网络，在某段时间里可能有较多的汽车相关广告位存量，但较缺乏都市女性相关的广告位存量。在此情况下，它优化广告版面存量的重要动作，就是与其他广告网络交换或买卖广告位存量。而为了满足这样的交换或买卖需求，就产生了"广告交易平台"（Ad Exchange）。现在，与这类交易平台直接打交道的，不仅仅是广告网络，还包括广告主与内容网站。而在这类交易平台上的交易价格，就由实时竞价（Real Time Bidding，RTB）所决定。目前全球最著名的广告交易平台，包括如 Google 收购 DoubleClick 后组成的 AdX 以及为 Yahoo 所收购的 Right Media 等。

随着数字平台上对用户跨域追踪（例如追踪某甲从 A 网站到 B 网站再到 C 网站，又如追踪某乙从 PC 端换到手机端再换到平板端）技术的进步，如前所述，现今的数字媒体广告操作，重点已从"买媒体"跨越至"买可被跨域追踪的个人"。

举个例子来详细说明，戴维先生在 Google 上搜索"皮鞋"，随着自然搜索结果点进了 Clarks 皮鞋的页面。如果作为广告主的 Clarks 品牌正好在使用 Google 的 Adx 广告交易平台，而戴维先生所使用的计算机在隐私权设定上没有阻挡 Adx 的追踪，则当戴维先生在 Clarks 网站逛了几页后离开，进入同样也加入 Adx 的一个电子报纸网站时，Clarks 便能够获得一个机会，通过在戴维先生浏览的页面上刊登广告，继续提高他购买 Clarks 产品的意愿。Clarks 若有兴趣，便可和其他同样对戴维先生有兴趣的广告主（不一定跟皮鞋有关，因为戴维最近并不一定只浏览了 Clarks 的网站），以实时竞价的方式竞争在该页面刊登广告的权利，以持续向戴维进行营销沟通。这种奠基于广告交易平台的跨域持续沟通动作，称为"重定向"（Re-Targeting）。

前述的种种可能与作为，事实上多不是借助人脑，而是通过程序，于电光火石的几分之一秒间执行。所以广告主在广告交易平台上的广告版面购买，通常属于"程序化购买"。但是并非所有广告主都有这方面的技术能力，因此便出现了站在广告主立场，替广告主干技术活以收取佣金的"需求方平台"（demand side platform, DSP）。DSP 将广告交易平台上复杂的技术语言，翻译成营销语言，在接口上显示给广告主。广告主此时所需做的，就只有花多少钱买什么样的顾客这类的营销决策，而技术细节则留给进行技术代理服务的 DSP。同样地，在广告关系的另一端，内容网站可能也需要相对应的技术代理服务，提供这样服务的行业者便相对称为"供给方平台"(supply side platform, SSP)。

无论是 DSP 还是 SSP，经营上需要的真本事，则是大数据的相关能力。

"拉"着沟通

在数字环境中，"拉"式营销沟通的代表，是搜索引擎上的信息呈现。相对于较像乱枪打鸟的"推"，"拉"式的营销沟通要求的是愿者上钩。一遇到购物、工作、休闲等种种需求，今日的网络用户通常本能地在搜索引擎上寻找相关的信息。这时候，搜索引擎会出现两部分搜索结果：其一，是自然搜索结果的列示；其二，是关键词广告的呈现。

关键字广告
由竞价＋广告信息质量决定排序

自然搜索结果
尽可能相关、中立

图 4-2 关键词搜索结果的两个部分

要理解这两件事，便必须先厘清以 Google 为代表的搜索引擎，其本身的运营逻辑与获利模式。作为一个让用户键入关键词找相关信息的平台，今日众主流搜索引擎面对彼此间的竞争，为吸引用户的持续使用，必须确保自然搜索结果与用户搜索目的间的高度相关性。因此，Google 成立之初，两名创办人便创设了一套申请专利的 Page Rank 运算法则，作为接收到关键词后，搜索引擎回馈各方网页信息时排序的基础。

另一方面，拥有网页、希望网页信息能让搜索引擎用户容易找到的营销者，十几年来通过第三方顾问的协助，千方百计地想让自己的网页在相关关键词被搜索时，能排进搜索引擎回复搜索结果的醒目位置（即搜索结果的第一页最好、页面位置排越靠上越好）——相关的各种网页、网站优化动作即所谓的"搜索引擎优化"（Search Engine Optimization, SEO）企图。但对于搜索引擎而言，如前所述，保有自然搜索结果陈列的中立性与相关性，才能确保最大数目的用户持续使用该搜索引擎。因此，面对各种 SEO 动作，搜索引擎会不断地调整自然搜索结果的呈现法则以回应。搜索引擎与 SEO 相关作为间，因此便进行着不间断的斗法。

搜索引擎竭力维护自然搜索结果的中立与相关性，尽可能吸引用户，其目的迄今则主要在于通过贩卖关键词广告版面以营利。不同于展示型广告以吸引尽可能多的眼球为目标，传统关键词广告所追求的，是通过短短三行字高度相关的关键词广告信息，把已通过关键词搜索透露需求的局部信息或兴趣的搜索引擎用户"拉"向营销者（亦即吸引搜索者点击关键词广告，导向营销者官网），以利后续更详细的沟通。

也因为这样的差异，一般而言，展示型广告以估计信息接触人数计价，而关键词广告则以每一点击计价。后者的计价，还牵涉与同样出资购买同一关键词的其他营销者间的竞价机制。

Google 关键词广告系统 AdWords 简介短片 （优酷视频）

在中国，由于互联网发展路径的特殊，在线搜索量中有很大的一部分发生在阿里系的电商情境中。因此，如淘宝这样的 C2C 平台，也承担相当分量的搜索功能，并且发展出"直通车"这类本质上是关键词广告的业务。

"传"着沟通

现今的在线社交平台，可粗分成如博客、微博、YouTube 一类，以兴趣为连接关系基础的模式；以及 Line、微信一类，以人际网络连接为基础的模式。无论是哪一类，谈到社交平台的营销作用，大伙儿都会自然地往营销信息通过在线网络"一传十，十传百"这个方向去想象。然而，社交平台果真有这么神？

要回答这个问题，用一个不精准但利落的快捷方式来寻求答案就是，想想你一天会在这类平台上接收到多少则营销信息；然后，再想想你自己有多常在社交平台上主动针对营销信息（而不是朋友的非商业性发文）点赞、转发；最近一次这么做是什么时候。这么想过一回，前面提及的"一传十，十传百"图像，应该就很自然地打个大折扣。而前头提到的可口可乐研究报告里，更进一步指出，网络上对于可口可乐的讨论量高低，其实与销售量变动并无关联。

所以，社群营销无效吗？

不尽然。只是在"僵尸粉"充斥、社交平台上商业信息充斥的今日，死抱粉丝数量、点赞数量这一类 2007 年左右大家很在乎的绩效指标，已经没什么意义。社群营销的确可能发挥一传十、十传百的低成本数字杠杆作用，但现今许多社群营销活动，因为承袭套路、一无新意，注定"传"不太动。

要"传"，就要让信息接收者有主动"传"的动机和意愿。而这样的动机与意愿，往往起始于信息本身能吸引接收者注意，进而引导出接收者的好奇、理解与共鸣。接收者有了共鸣，信息自然便传开了。因此，在这个信息爆炸的时代，平庸信息会被迅速淹没，而有价值的信息才能因为其带来的优质服务，而成为占据市场份额的有力武器。

2014 年春天，美国饼干品牌 Honey Maid 制作了一个标题为 "This Is Wholesome"的广告。视频中出现了若干同性恋家庭的画面，这刺激到卫道人士，引发了轩然大波，当然也在线下各传播平台被广泛讨论。波澜掀起的几周后，Honey Maid 借由 YouTube 等社群影音平台，播放了一支匠心独具的视频，赢得各方好评与分享。在这个视频中，两个艺术家先把几周内 Honey Maid 收到的数百则抗议信息以同样规格的纸张印出、卷起，成为一个个纸筒，然后将这些纸筒在地上排出"Love"字样。接着，她们再将同一时间收到的数千则支持信息，用规格与抗议信息稍微不一样的纸张印出，同样卷成一个个纸筒。她们用这些支持方的纸筒排成前头提到"Love"字样的背景，烘托"Love"字样。由于支持信息在数量上压倒性地多，所以视觉上"Love"字样像是镶嵌在一片纸筒排列的白色海洋中。这个借力使力的信息设计，不到两分钟的长度，没多少废话，但该说的也就都说了。到了当年年底，单单 YouTube 上，八百多万次点阅，五万多人点赞，两千多人按不喜欢。这个饼干品牌有态度的信息，也因此应该能传得很远。

Honey Maid 的"Love"要求广告短片（优酷视频）

数字杠杆的强大作用，虽能替企业传递信息，但稍一不慎，也可能反过来响亮地打企业耳光。2008 年，联合航空在北美把一名乡村歌手戴夫·卡罗（Dave Carol）的托运吉他弄断了，歌手发现后开始漫长而终究无效的投诉。对于每天接到成百上千投诉的联航，这本是一件无足轻重无人理会的事。然而这位歌手并没有摸摸鼻子自认倒霉，经过 15 个月的求偿无门后，他写了首抱怨的歌，找了几个朋友拍了部简单的 MV，放上 YouTube。接着，这段不瘟不火、曲风明快、叙事清楚、制作简单的 MV 瞬即爆红，CNN 等电视频道随即开始报道此事⋯⋯

今天，这段在 YouTube 上的影片，总共被受尽航空公司闷气的民众点击了超过一千四百万回。即便联航后来不得不出面道歉、和解，但这段影片未来还会一直在 YouTube 上，一遍遍对着联航的顾客或潜在顾客唱着"United Breaks Guitars（联行弄坏了吉他）"。

United Breaks Guitars 原始短片（优酷视频）

以上这些事例，共同告诉我们三件事：

第一，在社交平台上，营销资源的多寡常常不是重点。想让信息"传"得动，信息本身得先让人产生共鸣。

第二，轻视了没人能控制的用户自创内容（User Generated Content, UGC）信息扩散力，企业便处处可能陷入负面公关的险局里。

第三，数字环境里想妥善经营"传"这件事，企业需要正正经经地投入资源，把它当正事做。以鲜花与礼品为本业的 1-800-Flowers.com 为例，它蹲脸书的马步，首先便编派人力，制定一小时内必须响应脸书上任何客诉与抱怨的沟通规则。

📶 实时回应 📶

2013 年最后一天，中国网友 @眠无棉在新浪微博发文，把自己的相片与妈妈年轻时的相片并列，并且写了些动人的文字（如："岁月啊，你不要伤害她"）。隔天是 2014 年元旦假日，这则微博被许多人转发，接着也开始受到平面媒体的注意。中国 OLAY 在 1 月 2 日即与发文的女性取得联系，并对外宣称即将循着此一主题，把故事扩散延续开来。就当外界纷纷好奇 OLAY 到底在卖什么药的时候，OLAY 于 1 月 5 日在官方微博上表示，将根据 @眠无棉的发文轴线，拍摄一段微电影。

1 月 9 日，OLAY 微博上发布该段微电影短片，题为"献给最美的笑容"。这部微电影通过与原先 @眠无棉微博文字类似的表现手法，展现了妈妈与在外地工作的女儿间的浓浓情感，并链接 OLAY "限量版大红瓶新生塑颜金纯面霜"产品。在该年春节将临之际，整件事可说是一次操作迅速、要求精准到位，足以激起目标客户群共鸣乃至行动的实时营销范例。

"献给最美的笑容"微电影（优酷视频）

"动"着沟通

2007 年，史蒂夫·乔布斯在讲台上介绍结合 ipod、网络浏览器、移动电话三大功能的新产品：iPhone。那段不算长的新产品介绍演说，迄今已成为经典。也就从那时起，数字世界向"移动"这件事跨出了不可逆的重要一步。在人手一部（或多部）智能手机的今天，早年以 PC 为主体的数字营销沟通做法，已产生了巨大的改变。

史蒂夫·乔布斯 2007 年首次向大众介绍 iphone（优酷视频）

智能手机让信息"实时传送"的网络特性与生活更加息息相关，也让"随地沟通"的网络可能性得以具体落实。移动场景不仅复制了 PC 世界中的"推、拉、传"等前述沟通特点，而且通过移动联网所带来的远场、近场等多元应用可能性，更创出一个 PC 时代没有的新数字沟通维度。尤其是 app 的重要性越来越凸显的今天，移动沟通情境越来越重视沟通的场景，而非 PC 时代数字营销沟通所最重视的流量。

移动场景，衍生出碎片化、本地化、实时化、互动化的移动沟通逻辑。在工具方面，移动沟通则涵盖 apps，Wifi，Beacon 等种种可能性。而实时即地的沟通，若希望看到信息扩散的杠杆效果，则必须与前面提到的"传"，也就是社交元素相结合。在下一堂讨论中，我们将由 SoLoMo (Social, Local, Mobile) 三合一发挥作用的角度，完整地看待移动时代里数字沟通这方面的趋势。

"释"着沟通

前面所提到的各种数字营销沟通工具，受限于沟通信息传递的情境，常常仅能点到为止。无论信息是通过媒体购买而传送，或者经由社交网络而扩散开来，很多时候还需要提供完善的相关说明给兴趣被触发的网络用户。无论是展示型广告、关键词广告、社交平台、移动信息传递，都像是接力赛跑中的第一棒。当沟通对象希望进一步了解细节时，就应该有个赛跑中的第二棒，来尽说服之功。这个重要的第二棒，通常以官网的形态出现；某些中小企业，也会以博客或粉丝页来权充[1]。

从接棒的"登录页"（landing page）起，官网的设计是否以用户为中心、是否经过重复验证，都将直接影响到说服的效率与效果。至于说服的效率与效果，在后台则可通过如 Google Analytics 等分析工具一览无遗。因此，对于追求效率、讲究效果的企业而言，可完全自主掌控的官网，是营销沟通中可以不断优化的重要诠释空间。

有趣的是，常可看到各行各业，花了资源建立了官网，却浑然不知

---

[1] 博客或粉丝页，因为先天在信息呈现方面受时间轴的限制，常让使用者不易寻得稍远以前所刊登的信息。因此，它们在一般状况下，并非理想的"第二棒"。但如果沟通的目标是一次性、相对单纯的活动（如新片上映、演唱会信息等），则另当别论。

官网接力说服的意义。很多时候，官网被拿来当作用户其实完全没兴趣的美工设计展览场；同时，不少企业官网也把用户最想找到的信息，藏在层层网页之外，和用户大玩捉迷藏。

表 4-1 各种数字沟通模式的用处与限制

	用处	限制
推	面对大量用户，广而告之	对用户产生干扰
拉	针对由关键词展露特定兴趣者，聚焦性地引流	某些情境无适当足量的关键词组，可供引流之用
传	通过社群，发挥一传十、十传百的沟通杠杆作用	若信息内容无法引起共鸣，则信息将无法传动
动	发挥实时、即地的沟通可能性	零碎时间、小屏幕沟通，因此信息必须简单化
释	有完整掌控权，可进行详细说服性沟通的处所	若无其他工具引流，则将无人造访

三种媒体效果

各种主要数字营销沟通模式，除了这里提及的"推、拉、传、动、释"差异外，当前，业界也常以"付费媒体"（paid media）"自媒体"（owned media）"免费媒体"（earned media）三种媒体效果来进行归类区隔。

在这样的分类系统下，凡是属于数字广告的操作项目，无论是展示型广告、关键词广告，乃至社群媒体上的广告、移动载体上播放的广告，都属于付费媒体项目。官网、粉丝页等经营，无论是传统设计形式抑或是针对移动载体的另外设计，则皆属于自媒体的范畴。至于免费媒体，则主要指通过口碑所创造的低成本或零成本营销沟通效果。

得当的数字营销沟通，有可能创造出沟通方面上的"数字杠杆"效果。之所以叫作数字杠杆，是因为这类沟通活动，仅产生有限的固定成本与趋于零的变动成本，而欲沟通的信息却能扩散广远。在上述三类媒体结果中，数字营销沟通的杠杆成效主要来自免费媒体，并以自媒体为辅。

表 4-2 推拉传动释与三种媒体效果

代表性沟通工具	沟通性质	付费	自建	免费
展示型广告	将信息推送给较不特定、数目较众的接收者	*		
关键词广告，SEO	运用相关信息，吸引自我展露特殊需求的在线信息搜索者	*		
社群媒体	诉诸社群网络效果，造成信息扩散	*	*	*
移动营销	实时、即地、相关的信息传递	*	*	*
官网、博客	官方信息的完整、深入沟通		*	

AISAS

　　打开任何一本营销教科书，里头谈到与营销沟通相关的消费者行为时，一定都会介绍由模拟时代的观察所整理出的"效果层次模型"（hierarchy-of-effects model）。这个脉络的学理，主张营销沟通首先影响消费者的认知（Cognition），而后改变情感（Affect），最后促发行动（Action）。依循这样的脉络，传统上最有名、业界学界都普遍流传的效果层次模型，是所谓的AIDA（Awareness → Interest → Desire → Action）模型[1]。

　　数字时代里，营销信息对消费者的作用还是AIDA吗？2005年，Web 2.0的说法开始在全世界流传的当口，日本电通广告公司根据他们的观察，认为还得加上两个越来越重要的"S"。这两个S，一指在线搜索（search），另一指信息分享（share），两者都已是现代消费者的行为常态。无论找餐厅、买相机，乃至购车买房，各地消费者现在已非常习惯于消费购买前线上搜索，广征他人分享的一手经验；并且于消费购买

---

[1] 有兴趣的话，可以上网找一部1992年出品，舞台剧改编，中文翻译为"大亨游戏"的美国片Glengarry Glen Ross。在这部一群硬底子演员演出的片子里，有一段Alec Baldwin对一群房产中介训话的场景，直接把AIDA这概念说得很清楚。

后，通过社交媒体把自己的经验分享出去。在这类情境中，信息的搜索与分享不断循环、累积。因此，模拟时代的 AIDA "典范"，在数字环境里便成为 "AISAS"。

在 AISAS 的背景下，口碑成为一个非常重要的营销沟通杠杆支点。若要列举这方面操作精到的企业，这几年广受各方讨论的小米就相当合适。

📶 善于操作数字营销沟通杠杆的小米 📶

说到低成本、高报偿的数字营销沟通杠杆成果，小米近年来的飞快成长便是个好例子。近两年小米的利润率倍于联想，但销售与营销费用占营收比方面，则不到联想的一半。小米是怎么办到的？

小米创办人雷军的互联网七字诀，是 "专注、极致、口碑、快"。凭借这样的指导原则，拆开来说，小米以专注与极致，作为产品开发与经营原则；以口碑，作为营销沟通的主轴；以快，作为适应市场变动、响应顾客需求的行动准则。这其中，小米的营销主轴依赖所谓的 "口碑铁三角"：以物超所值的产品作为口碑的发动机，以社会化媒体作为口碑加速器，再以用户关系巩固口碑关系链。通过这样的铁三角，小米经营用户高度参与、品牌与用户间强度较高的 "朋友" 关系。在这样的逻辑下，因为相信粉丝效应可以强大到 "台风口上，猪也能飞"，小米的早年发展历程中，在品牌经营上走了个不大符合直观的路径：先经营忠诚度，而后才经营知名度。

这样的操作模式，首先练兵于米柚（MIUI）系统。当第一代小米手机发布时，米柚已经累积了五十万名相对忠诚的用户，作为小米手机正面口碑第一拨散布的种子。

从彼时开始，小米即很灵活地在"产品活动化，活动产品化"的概念下，以口碑为支点，撑起数字营销沟通的杠杆。依照小米联合创办人黎万强的说法，这个杠杆的三个基本战略是"做爆品、做粉丝、做自媒体"；随之的三个战术，则是"开放参与节点、设计互动方式、扩散口碑事件"。

第五堂课

SoLoMo 新世界

社交与移动

2004、2005 年起开始流行的 Web 2.0 说法，一部分由那时候方兴未艾的在线社群与社交活动衍生而出。从早年蓬勃于台式计算机年代的 MSN 等实时通信机制，到与商品或服务有关的在线评论日益普及，再看到 Facebook 一类平台的流行，在线社交与社群活动越来越繁复，企业也花费越来越多的资源投入诸如粉丝团经营、社交平台内容置入等在线营销活动。

有趣的是，根据印度塔塔咨询公司于 2013 年针对全球横跨 11 项产业、600 间大型企业的调查，我们发现有 44% 的企业不知如何量化计算社交媒体相关投资的回报。至于那些曾实际计算在线社交活动投资回报率的企业，则有三分之一表示其相关投资血本无归。而网络营销公司 iMedia Connection 于 2014 年年初访问千余家北美企业，也发现企业普遍对于社交营销的成果存疑甚至不满。在前一堂课谈到"传"这码子事时，我们曾详细探讨在线社交营销的成败关键。简单地说，若无法引发共鸣，社交营销很难发挥作用。

另一方面，2007 年第一代 iPhone 的问世，正式宣告智能手机的时代来临。2014 年第三季度开始，中国最大搜索引擎百度的移动搜索量已超越了 PC 端。同一个时期，美国《华尔街日报》的数字内容有四成流量来自移动端，《福布斯》杂志的在线流量来自移动端的比例更高过五成。这些简单的数据，共同指出互联网的使用，由台式电脑、笔记本电脑逐步移转到移动端的具体态势。

随着智能移动端设备的普及，苹果 iOS 与 Android 两大移动 app 平台上，已各自出现了数以百万计的移动 app。根据台湾资策会 FIND 的调查，2014 年年初台湾已有过半人口持有智能型移动装置。同时，移动 app 的用户中，每人的装置里平均下载了 22.5 个 app。然而这 22.5 个 app 里，每两周的时间内，仅有平均 7.5 个 app 会至少被用户使用一次。也就是说，虽然大大小小的 B2C 品牌都发行自己的 app，但其中真正受到消费者青睐而留住常态性用户的，其实相当有限。

在这里我们看到，在线社交与移动 app，正各自面对着现实商业应用情境里的挑战与限制。然而另一方面，在线社交与移动 app，如表 5-1 所示，理论上其实又包含着非常丰富多元的价值创造、沟通与传递可能性。

从表 5-1 之中，我们也不难看出在线社交与移动 app 在商业相关应用上，其实有着非常高的互补性。实际上，根据前述资策会 FIND 同一份调查中显示，若以 app 类别而论，在台湾渗透率最高的两种类别，分别是社交聊天类（平均有 68% 的人使用）以及通常也有社交机制设计于内的移动游戏类（平均有 52% 的人使用）。也就是说，在一般智能型移动装置的使用上，"社交"和"移动"这两个理论上互补的向度，实际上已在用户的使用习惯中融合为一。

基于社交工具所展开的社交，可能与用户地理位移 + 智能型移动装置融合，若再加上今日智能型移动装置通常具备的定位技术，就成了实时沟通、即地体验、细分服务的 SoLoMo 情境。这儿所谓的定位技术，在广域地理空间（如城市内）里最常被使用的是 GPS，在狭域空间（如商店）中近期则以 iBeacon 的蓝牙通信模式为代表。

表 5-1 两种工具的价值创造、沟通与传递

	在线社交的应用	移动 app 的应用
价值创造效果	●参与者自我表达的满足 ●参与者的社群归属感 ●通过信息丰富参与者的经验 ●品牌的活动设计	●节省用户搜索与交易成本 ●赋予用户时间与地点的自主权 ●娱乐提供，丰富化用户的经验 ●双边平台的需求媒合
价值沟通效果	●品牌通过内容经营，深化与既有客户群的沟通 ●品牌通过口碑扩散，开拓潜在客户群	●实时、即地的相关性沟通可能 ●价值交换过程的实时信息
价值传递效果	●主要来自参与者与社交网络成员间的情感性与信息性价值交换	●信息性内容的传递 ●支付点以及实体商品传递起点 ●虚实之间的相互导引

SoLoMo 的说法，最早由美国风险投资人约翰·杜尔于 2011 年提出。在智能型移动装置（如智能手机、平板计算机乃至其他穿戴装置等）普及的今天，SoLoMo 代表了聚合于这些装置的各种社会化、本地化、移动

化可能。而这些可能的聚合，对于企业而言，则隐含着数字时代里价值创造、沟通与传递的诸多新机会。

譬如腾讯的微信，正企图通过手机 app 接口，配合"扫""摇"等功能的实验与扩大，成为绝大多数互联网相关行为的输入与输出接口。依循着 SoLoMo 和相关的（第七堂课将细谈的）O2O 脉络，腾讯依靠微信，在"智能手机只装微信就够用"的想象下跑马圈地。

双元的平行世界

要掌握 SoLoMo 概念的精髓，必须先理解如图 5-1 所描绘的，SoLoMo 情境里一般智能型移动装置用户所面对的双元世界。

图 5-1 SoLoMo 的双元情境

*注：此图由一个七岁女孩儿所绘，呈现她所理解的成人世界。

这个双元性是这样的: 首先，人生活在现实世界中，有移动的轨迹，而在每一个当下则处于某一特殊的地理位置，且在这个地理位置上面对着实体环境和线下的社交情境。其次，只要随身的智能型移动装置处于开启状态并且正在被人使用，此人便同时生活于在线世界。在线世界同样有在线移动的轨迹（如时间轴在线各种 app 的开启与关闭、网页的浏览等先后顺序的记录），有当下使用中的在线应用程序（也就是在线的 "位置"），通过屏幕感知到该应用程序的环境 （如在线游戏的场景、Facebook 的时间轴等），另外也面对着那个在线环境里的社交情境 （如游戏同伴、Facebook 好友等）。

根据这样的理解，我们来看看两个创意运用、组合 SoLoMo 元素，而达到良好价值创造、沟通、传递效果的例子。

第一个例子是 TOYOTA 所发行的 TOY TOYOTA 游戏 app。说到汽车制造商发行的 app，一般人很自然会想到地图、景点、里程计算、加油站等实际功能。TOYOTA 在这款 app 中，却不落俗套地跳脱窠臼。作为家庭房车的代表品牌，这款 app 副名为 "Backseat Driver（后座的驾驶员）"，是个专为平时坐在汽车后座的儿童设计的在线驾驶游戏。有趣的是，这款游戏里的行车路线和速度，通过 GPS 的应用，与现实世界里的行车路线和速度同步相对应。也就是说，如果现实中汽车在东京表参道上行进，那么游戏里的车也就在游戏里的表参道上前进；车窗外的重要地标，同时也会以卡通方式出现在游戏里的道路旁。在后座玩游戏的小朋友，操控屏幕里车子的左右，搜集屏幕里道路中出现的各种宝贝以积分。游戏结果可通过内建于游戏的 Twitter 链接而公诸朋友间。

表 5-2 解析 "TOY TOYOTA"

	现实世界	数字空间
主要角色	作为驾驶员的父母、作为乘客的儿童	作为游戏内驾驶员的儿童
互动工具	TOYOTA 汽车	手机 +app
情境	驾驶汽车	驾驶游戏中的汽车
情境需求	提供同车幼儿娱乐，降低其乘车烦躁感	游戏，打发时间
位置	在城市道路上移动	在与现实世界相对应的游戏中道路上移动
周边背景	轿车车厢内情景，以及车窗外的城市风景	游戏界面呈现的虚拟城市街景
社交环境	亲子关系	通过 Twitter，在在线社交圈中公开游戏结果
移动轨迹	汽车移动路径	游戏中的移动轨迹
价值的创造	为车主缓解车内儿童在乘车过程中的烦躁、提高车主家庭旅行的"亲近感"和"参与感"	
价值的沟通	以符合儿童偏好的游戏设计，吸引儿童把玩	

（续表）

价值的传递	通过虚实地理整合的概念设计游戏，传递价值
成效	强化 TOYOTA 车主与品牌间的联结，深化 TOYOTA 作为家庭房车的品牌定位

TOY TOYOTA 介绍短片（优酷视频）

第二个例子是德国狗粮品牌 Granata 的"免费宠物下午茶"活动。这个厂商在一些德国城市遛狗人常带狗经过的路边，设置一个形似自动贩卖机的自动给食器。饲主带狗经过机器，不必投币，只要拿出手机打开 Foursquare 软件"打卡"，这机器就会给出一定分量的狗粮，免费供饲主带着的狗儿当场食用。

表 5-3 解析 Granata 的"免费宠物下午茶"

	现实世界	数字空间
主要角色	饲主与狗	饲主作为打卡者
互动工具	一同移动的心理联结	手机里的 Foursquare app
情境	遛狗	尝新

（续表）

情境需求	让狗开心	通过打卡让狗吃到宠物点心
位置	城市街道	打卡位置的在线显现
周边背景	街道旁的硬件设置	Foursquare 接口环境
社交环境	饲主宠狗	Foursquare 和 Facebook 上的口耳相传
移动轨迹	遛狗路径	打卡地点间串成的轨迹
价值的创造	站在饲主的立场，让其在遛狗过程中免费以狗粮表现对爱狗的宠爱	
价值的沟通	运用活动的新奇性造成口碑效应乃至传媒报道以进行沟通	
价值的传递	通过饲主熟悉的打卡机制＋实体环境里硬件的建置，供应狗粮	
成效	打造另类"试吃"活动，拉近品牌与饲主间的距离，并自然产生大量口耳相传的效果	

Granata Pet 的宠物下午茶介绍短片（优酷视频）

前述的例子，都是以 app 或打卡机制来进行 SoLoMo 应用。同时，我们也看到有更多的 SoLoMo 价值创造、传递与沟通，同时通过二维码、无线信号（又可分为以 GPS，以 Wifi，以及以 Beacon 信号为主的设计）与虚拟现实等技术来进行。

玩转 SoLoMo

1. 以二维码为应用主轴

　　作为二维码代表的 "quick response code" (QR code)[1] 最早由日本丰田通商（Denso Wave）公司于 20 世纪 90 年代中期开发问世。从带有相机、可扫描二维码的智能手机大量流行开始，二维码面向消费端的应用才普及开来。今天，如果运用得宜，二维码可以看作一种图像入口，它最大的特点就是成本极低、精确度要求低（有相当高程度的容错限度）、可依附于各种场景等特色，并且方便将沟通对象由现实世界导向数字情境中。

　　二维码方面非常有名的经典应用，是韩国 Home Plus 超市 2011 年租下地铁站墙面所开设的 "地铁超市"。在这些墙面，Home Plus 贴上各种商品的彩色照片和标价；候车者无聊时面对这些墙面照片，就宛如进到一个简单的小超市。想购买哪些商品，用智能手机扫描照片旁的二维码并确认，就轻松完成在线购物程序。这是个以地铁站为场景，以候车的零碎时间为情境，通过智能手机所装 app 完成的 SoLoMo 范例。

　　有趣的是，Home Plus 的竞争对手，韩国最大的连锁超市集团 Emart

---

[1] 二维码有各种规格，QR code 只是其中的一种；但目前消费者最常见的是 QR code。为了精简起见，本书里提到的二维码，除非特别说明，都指 QR code。

同样也通过二维码进行创新的价值创造、传递与沟通。借着更大的巧思，Emart 所设计的是阳光照射在精致 3D 装置上产生的阴影所形成的二维码。在一次名为 "Sunny Sale" 的大规模活动中，韩国民众用手机镜头读取这些在正午时分才成形的阴影二维码，便可下载限时优惠券，进入商店购物兑换。这个以阴影二维码装置为场景的噱头，当然创造出非常大的话题扩散效果。

韩国 Emart 的 "Sunny Sale" 介绍短片（优酷视频）

2. 以 GPS 为应用主轴

2010 年，BMW 在瑞典展开一项名为 GETAWAY 的 SoLoMo 活动。下载了活动 app 的参与者，打开 app 后进到斯德哥尔摩地图画面，地图上某地点标示有 "Virtual Mini" 的虚拟气球。参与者若移动到该虚拟气球 50 公里距离内，就可通过 app "取得" 该虚拟气球。但其他参与者在他们的手机上，也看得到虚拟气球当下的地理位置，若他们移动到该虚拟气球 50 公里距离内，同样可从上一个 "拥有者" 手中夺下这枚虚拟气球。游戏规则是：谁能拥有这枚气球超过一星期，谁就能赢得一辆全新的 Mini Cooper。这个活动实际的效果，是让 Mini 车款在瑞典市场取得了 108% 的销售增长。

2014 年，中国 10 月黄金周假期前后十天的时间，麦当劳官方网站所镶嵌的百度地图上，一个个麦当劳门店的金拱门标志旁，出现了一支支粉红色冰激凌。这是个名为"樱花甜筒跑酷 0 元抢"的营销活动，使用移动设备的消费者进入页面，后台的百度地图即通过 GPS，计算出她（他）与最近的麦当劳活动门店距离，并给出一个需要快步才赶得及的时间。消费者若在该段短时间内抵达该门店，就可以免费取得一支新上市的樱花口味甜筒。这个活动在假期吸引了许多年轻人的注意，创造了逾 2000 次的页面造访，以及逾 50 万次的在线分享。活动的本质，其实是传统意义下的试吃优惠活动，但麦当劳于此已跨越了传统纸本优惠券 + 实体活动、在线印优惠券、团购等促销模式，而尝试 SoLoMo 社会化营销。

3. 以 Wifi 为应用主轴

可口可乐带给消费者的价值是什么？一百多年来，可口可乐所创造、沟通和传递的价值，从最早产品成分带有缓解文明病"疗效"的要求，到二次大战期间的美国爱国主义象征；而近年来这个品牌在全球各市场里，则多方强调它所代表的分享与欢乐。在数字年代里，分享与欢乐，除了靠一罐罐褐色气泡糖水外，还能靠什么？最近，可口可乐开始在巴西和南非的大城市里试验性地设置带有免费 Wifi 信号发送装置的自动贩卖机。这件事至少有两种意义：第一，作为一个代表分享与欢乐的品牌，可口可乐尝试给顾客多元的分享与欢乐体验可能；第二，可口可乐在为互联网想象里的互联世界，预做暖身准备。

同样是通过 Wifi 的 SoLoMo 布局，中国银泰百货近期已建置全场 Wifi 覆盖。会员进入银泰店门，打开手机连接进入免费 Wifi，银泰后台即根据这名会员过往的消费状况，进行相关导购或优惠信息的推送。同时，银泰与阿里集团合作，打通支付宝钱包"当面付"服务；一旦消费者在银泰门店内以支付宝支付购物货款，就能通过支付宝加入成为银泰电子会员卡会员。

为了鼓励使用商店免费 Wifi 服务，2011 年冬天，日本 7-11 对于在店登录其专属 Wifi 系统（7-11 Wifi）的用户，每天赠送不同的 AKB48 手机壁纸，且内容天天不同。韩国 Emart 超市，则更积极地在没有门店的地方，通过漂浮气球的装置，提供免费 Wifi 信号和在线优惠券，进行 SoLoMo 实验。

Emart 的漂浮 Wifi 介绍（优酷视频）

4. 以 Beacon 为应用主轴

Beacon 是通过蓝牙技术，与附近的智能型移动装置进行无线通信的一种近邻系统（Proximity System）。Beacon 所能提供的服务，受到传感器与装置空间两方面的影响。借由它所进行的 SoLoMo 布局，因此也必须关照这两部分。这方面的布局，通常一方面由传感器掌握顾客的物理位置，另一方面通过装置空间里生发的实时数据分析，进而试图掌握顾客造访意图或心理状态。因为 Beacon 低耗电、低成本、适于室内（如卖场）或小区域（如体育场）场景的特性，一般认为零售业者有可能在可预见的未来通过它，落实概念上谈论已久的适地性服务（Location-

Based Service, LBS)。而适地性服务的主要意涵，则在于提供更好的用户体验。

举例而言，通过 iBeacon[1] 设置以及发行相对应的 app，欧洲廉价航空 easyJet 在欧洲某些机场建构"微定位"技术。对该 app 用户来说，这个应用提供了登机证、免税商店优惠、登机时间提醒、现在所在位置离登机门距离等机场候机情境里方便、有用的信息。对于 easyJet，此一应用可以掌握办理登机手续之后的旅客在机场的动态，理论上可能降低因乘客不准时登机所造成的班机起飞延误。

同样是公共场所，美国职业棒球大联盟多数球队的主场球场，目前都已装置了主要可与 Apple 系列移动装置互动的 iBeacon 系统。这两年球队对于在验票口打开对应移动装置 app 签到进场的观众，提供包括赛事即时消息推送、点餐服务、球迷俱乐部积分等服务。发挥邻近系统的定位特性，这套系统在球迷们经过某些有历史意义的位置（如已逝明星球员曾经出现过的地方）时，即可播放该明星的纪录短片；球迷落座后，也会推荐邻近位置更佳的空位信息，让有兴趣的球迷通过 app 支付座位差价后完成在线换位程序。

Lamigo 桃猿职业棒球队，2014 年球季中也曾短暂以"LamiGirls 感谢季"为主题，实验性地尝试通过 Beacon 技术，开展与球迷互动的"辣蜜从天而降"体验活动。球赛攻守交替时，通过内部配备有 Beacon 装置的几颗大气球在观众席间滚动，让移动装置内已下载相关 app 的现场球迷，通过手机蓝牙接收到邻近气球内 Beacon 装置的信号。球迷接收到信号后，可以至服务台领取 LamiGirls 3D 打印公仔和数码写真。

---

[1] 苹果所开发、注册的一种 Beacon 开发标准。

至于 SoLoMo 话题最常涉及的店面零售方面，飞利浦曾做过一项实验，利用 iBeacon 技术，与零售店铺合作，搭建店面智能导购系统。用户在该系统对应的 app 内先拟妥购物清单，到实体店后 app 屏幕上即秀出依照该清单的店内最适移动路线，并追踪用户在店内的动作路径，给出步行导航建议。此外，根据用户原拟的清单，提醒可能与该次购物目的有关但漏列的商品，且可以通过 app 实时传送优惠券。

近期银泰百货与阿里集团旗下"淘点点"的合作也属于此类尝试。在该尝试中，消费者进入杭州银泰城后，只要打开手机上的蓝牙装置，就能在 Beacon 信号范围（半径约 50 米内）收到信息，并借由同样属于阿里旗下的高德地图服务，取得精细的室内导航。配合上阿里旗下应用广泛的支付宝，这个布局表现出的是从在线服务展示、线下体验、线下导航、购物、支付到会员管理一气呵成的理念。

5. 以扩增实境为应用主轴

虚拟现实（virtual reality, VR）通过计算机与辅助设备，在技术端所谓 "3I"（immersion, interaction, imagination, 即沉浸—互动—想象）原则的导引下，为用户提供一个在视觉、听觉乃至嗅觉、触觉方面感受如身临其境的模拟情景。至于扩增实境（augmented reality, AR），则常以摄影机影像为核心，通过实时计算，借由屏幕上虚拟现实与现实影像的重叠，让用户进行多元互动。

通过 iPhone 镜头与扩增实境技术，2010 年日本电通推出 iPhone app "iButterfly"。各地用户打开这个 app，相机模式即出现，同时屏幕上会出现虚拟蝴蝶舞动着。用户拿着手机"抓"蝴蝶，抓到后可与朋友分享也可以搜集成册。而那些屏幕上舞动翅膀的蝴蝶，其实是折扣券的化身，因此用户可以拿抓到的"蝴蝶"在对应的合作商家兑换抵用。

扩增实境可以与定位服务应用结合（譬如地图上或实景上的扩增应用），也可以独立于地理位置联系而存在。譬如图片动态（Aurasma）的第三方技术提供者，目前已通过 app 提供简易服务，让任何想尝试扩增实境的智能手机用户自行构建扩增实境。简单地说，用户通过这个 app 上传"触发图片"和"叠加影像"（可以是图片或影片），即可开始制作一个名为 "aura" 的扩增实境场景。制作完成后，任何装有同样一个 app 的用户，如果镜头扫描到该"触发图片"，则"叠加影像"也会同时叠加播放。这里的"触发图片"，可以是一张名片、餐厅里的一份菜单、杂志上的一页、一份产品使用说明书，等等。

关于扩增实境的一段 TED 展演影片（优酷视频）

6. 以移动支付为应用主轴

在线支付服务 Square，让商家通过智能手机的耳机插槽连接读卡器（硬件本身，读磁条者免费，读芯片者则自 2014 年年底开始收费 29 美元），向接受此支付模式的商家收取 2.75% 的手续费（其中部分给信用卡公司）。消费者端的"Pay with Square" 服务，加上地理辨识的地理围栏（geofencing）功能，让消费者知道近距离内有哪些店家接受 Square 支付。而用户若入店消费，店家直接将账款转向 Sqaure 绑定信用卡请求支付，经过顾客在智能手机上确认，即完成付款。

除了单纯经济意义上的支付外，若要说明移动支付中符合 SoLoMo 逻辑的"社群"元素，则可以把目光放在不断翻新花样的支付宝钱包上。支付宝钱包的社群支付功能，又可分为远场与近场两类。远场如"亲密付"，打开便有"爱人购物我来支付""孩子购物我来埋单"等项目，提供用户设定代亲密他人进行支付的月额度。支付宝钱包的近场支付，如利用手机发出高频声波与邻近手机沟通的"当面付"，以及一群人分担餐费时非常好用的"AA 收款"等。

7. 以硬件装置连上社交平台为应用主轴

荷兰平价连锁服饰店 C&A，在巴西市场的门店中，试行将局部传统展场衣架置换为电子衣架。当地的 C&A 脸书上，同时展示门店这些电子衣架上所挂着的当季服饰。粉丝们浏览粉丝页上展示的当季服饰，看到喜欢的便在线点赞。店头的各电子衣架，则同步显示悬挂商品的累积被点赞次数。

连接 Facebook 的巴西 C&A 衣架简介（优酷视频）

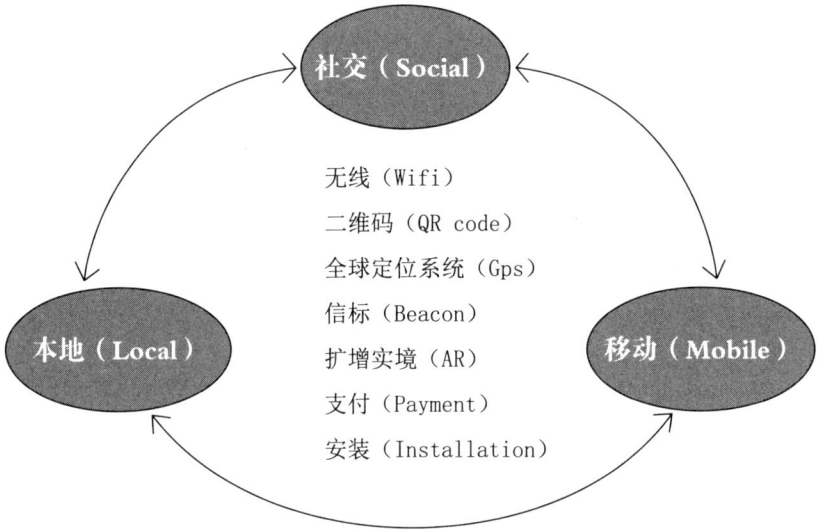

图 5-2 SoLoMo 的操作可能

第六堂课
LESSON SIX

电商面面观

包罗万象的电子商务

几年前，富士康曾经营在线购物平台"飞虎乐购"（efeihu.com），希冀成为"电商巨头"，但这一平台的实际运营状况并不理想。目前"飞虎乐购"主要面向富士康内部员工经营。现在，富士康关闭了曾经在中国"6•18电商大促销"中替旗下电视品牌"富可视"（InFocus）售出佳绩的天猫自营商店，转而将资源投注于旗下"自营 B2C+ 平台"模式（类似京东、1 号店和苏宁易购模式）的新电商网站"富连网"（flnet.com）。

富连网官网首页

同样是最近，1884 年开业，以服饰贩卖起家，在英国境内拥有超过700 个门市的马莎百货（Marks & Spencer），向外宣告未来将不再在英国开设新的大型百货实体店。管理阶层决定以在线零售的方式深化经营，促进未来英国境内马莎的业绩增长。

从这两个南辕北辙的例子里，我们不难看出：随着数字时代的来临，各个市场里电子商务发展迅猛，无论原生背景为何，许多企业都想借由涉猎电子商务，以追逐消费习惯的迁移、迎接市场版图的变动、赶上时代的潮流。

通过互联网而进行的电子商务活动，自从互联网的商业应用随着可以显示图片的浏览器（早期如 Mosaic，Netscape 等）开始扩散起，发展至今已约二十年的时间。这期间，所谓的电子商务，涵盖了 B2B、B2C、C2C 等方面，另外也有以交易种类集中程度而划分的"垂直电商"（集中经营少数品类的电子商务活动）与"水平电商"（同时经营较多种类的电子商务活动）等归类。这些在今日的商界都已成常识，此处不再赘述。

如果要较立体且大范围地将电子商务"包罗万象"的现代意义描绘出来，那么表 6-1 会是一个很方便的出发点。

表 6-1 聚焦在一端是组织形态营销者，另一端是顾客的典型市场交易状态。在互联网商业化与电子商务扩展了大约 20 年的今日，这样的市场交易状态可区分为一系列不同的情境，而这些情境则由三个商务变项组合界定。

第一个变项，是营销者的原生背景。这个变项分为两类：（1）数字原生（如 Amazon.com）与（2）传统背景（如 Walmart）。

第二个变项，是营销者本身经营的主要业务项目。这个变项分为四类：（1）实体产品（如 3C 用品、纸本书籍）；（2）传统服务（如美甲、餐厅）；（3）数字产品（如电子书档案、音乐电子文件）；（4）数字服务（如影音串流、在线叫车）。

第三个变项，是交易主体的成交场景，分为（1）在线、（2）线下与（3）混合三类。

表 6-1 电子商务的四大类型

	原生背景	核心产品/服务	交易场景	主要形态	举例
A1	传统	实体产品	线下	实体店铺	百货公司、商城、便利店
A2	传统	传统服务	线下	寄托于特定场所的服务	餐厅、旅馆、客货运输
A3	传统	数字产品	线下	金融、旅游票务等服务	银行存贷款业务、订房、订机票
B1	数字	实体产品	线上	网络原生的零售电商	如Amazon贩卖CD
B2	传统	实体产品	线上	实体店铺衍生的零售电商	如Walmart贩卖CD
C1	数字	数字产品	线上	聚焦于数字产品的在线平台	如Amazon的电子书平台

（续表）

C2	传统	数字产品	线上	聚焦于数字产品的在线平台	如 Walmart 提供音乐下载平台
C3	数字	数字服务	线下	在线撮合线下服务平台	如 Uber 叫车、Airbnb 租房服务
C4	传统	数字服务	线下	在线撮合线下服务平台	如出租车车队的 app
D1	数字	传统服务	混合	原生电商协助实体店铺：集客型 O2O	如团购
D2	数字	传统服务	线下	实体店铺通过网络：集客型 O2O	如雕爷牛腩餐厅
D3	数字	实体产品	混合	原生电商通过实体店铺：协力型 O2O	如京东借便利店完成"最后一里"

在这三个变项的相互交织下，表 6-1 列出 12 种较常见的商业形态。

如表最左边一栏所示，这些形态又可粗分为四类：

A 类，是在人类历史里已发展长久的传统商业形态。

B 类，是一般所谓的电子商务。

C 类，是以在线双边平台为基础，所提供的各种数字服务。

D 类，是近年来常被讨论的 O2O 商务形态。

在这样的分类架构下，狭义的电子商务，指涉的是表中的 B 类。然而如本书随后所将阐述的，随着各种围绕着互联网的商业模式一一涌现，现代意义的电子商务涵盖广远，除 B 类外，同时也包含 C 类与 D 类。

电子商务的综合维他命

1. 分析力

　　较传统商务活动来说，无论是狭义或广义的电子商务，商务活动进行过程中所能搜集到的数据量，都多出非常多。从微观层面而言，用户每一个在线行为单位（键盘按键、鼠标点选等）以及该单位产生的背景，都会被翔实记录。这些微观行为的集合，自然就成为近期各界夸夸谈之的"大数据"基础。有了过去无法想象的丰富数据，对经营者而言最大的挑战是如何从数据里挖宝，运用数据协助价值的创造、沟通与传递。然而，如本书第八章中所将讨论的，大数据的梦想与现实之间，距离不可以道里计；梦想的实现，则需要从蹲马步开始按部就班的苦练与积累。

2. 展店力

　　传统商务，每开设一个新的营业据点，便会随之产生包括租金、水电、人事、装修、设备等在内的一系列成本。如果能认识数字环境可提供的价值传递杠杆，善加运用的话，就可能通过既有场所引入数字扩增服务（如统一超商的 ibon 机)、狭义电子商务的建构、双边数字平台的搭设或应用，乃至 O2O 布局等措施，事半功倍地在数字空间里进行成本较低、效益较大的各种"展店"动作。

3. 商品力

传统零售强调在有限的现实空间里，通过畅销商品的选择与陈列，创造最大效益。相对地，数字领域在商品陈列空间方面并没有什么限制，因此十余年前盛行的、描述商品分布的"长尾"开始被讨论。但较少受人注意的，是谁在买长尾商品这件事。根据各种数据显示，热销商品会吸引到各种类型的购买者，而长尾商品则主要由对相关种类涉入较深较广的重度购买者所购买。在这样的背景下，电商的经营，一方面需要确保能同时掌握其他渠道模式上的热销产品货源并壮大议价能力，另一方面则宜有战略性的长尾商品布局，以照顾不同的消费群体需求。

4. 沟通力

传统零售强调的经营不二法则是"Location, Location, Location"（地点、地点、地点）。之所以会这么说，是因为设店地址决定了有效客流量，而有效客流量（通过有效的沟通）则决定了营业额。进入电子商务领域，实体乃至数字的地址当然不再是竞争的关键，此时传统的"地址引入客源→店内沟通促成交"的逻辑便不再适用。在数字空间里，以交易为目标的电商经营，重点便在通过各种沟通平台吸引有效客流，而后借由可完全掌控设计的域内沟通来促成交易。在这样的意义下，电商经营的关键逻辑便成为"域外沟通引流→域内沟通促成交易"。

虚实大不同

1.服务样态

　　传统的服务提供，常被区分为与顾客直接接触的前台，以及不与顾客直接接触但支持整个服务传递的后台。在过去服务管理的探讨中，更是将服务提供看成一出戏，有前述的前台与后台、训练过的演员（服务人员）、操持一定的脚本与台词（服务的SOP）等。至于传统上难以捉摸的服务质量，学界曾发展出所谓的 "SERVQUAL"架构，以"有形性""可靠性""实时性""信赖感""关怀感"五个方面加以衡量。表6-2就这五个顾客感知的方面，比较传统服务与广义电子商务服务的差异。

表6-2 传统与数字环境的商务活动对照

管理重点	传统服务	广义电子商务服务
有形性	每天固定时间"上戏"，仰仗合适的"道具"与"布景"以烘托服务的质量	在数字空间中24小时不"下戏"，仰仗良好的顾客体验提供以烘托服务的质量

（续表）

可靠性	以人员服务为管理重点	以流程规划，完善软件 + 硬件 + 人员的服务提供
实时性	以人员临场反应为管理重点	强调多元载体联合提供实时、即地的无缝接轨服务
信赖感	以人员服务奠基品牌信赖感	以虚实整合的顾客体验奠基品牌信赖感
关怀感	以人员服务为管理重点	以理解数字用户需求、不断优化的顾客体验提供为管理重点

2. 成本结构

传统的商业活动，版图成长所产生的成本（例如新开店所需支付的店面租金、水电、人事）大体上与增长幅度相对应、密切随增长幅度而变动。相对地，数字经营扩充所需的成本，未必与扩充幅度呈线性关系。相较之下，就同类商业活动而言，传统经营的成本结构在这个意义下，变动成本相对较高，而（就任一特定阶段内而言）数字经营的固定成本相对比重通常较高。数字杠杆的实现可能，若从财务方面诠释，便来自此成本结构特色下，通过数字经营掌握每一位新客户、照顾每一位旧客户的较低边际成本。

3. 竞争环境

不同地理市场里的竞争环境大相径庭。譬如比较中美两国的狭义电子商务活动，在美国名列前茅的电商零售者，除 Amazon 与 eBay 外，几乎都是大型传统原生零售业者的天下。相对而言，中国市场里的狭义电商领先群，除苏宁易购外，都是网络原生的企业。此外，因为服务网络完备细致的程度大不同，导致交易成本的计算有别，因此网购产品的送货这件事，在美国始终是专业快递公司的活儿。但在中国，"自建物流"这档事却是大型电商发展过程中必须应付的门槛。这些差异，都与中国跳跃式的经济发展历程有关。

经营快速变动的数字竞争环境，到处充斥破坏性创新的火苗。随着各平台间由相互争夺客源的"包覆"（enveloping）与"反包覆"（anti-enveloping），扩展至整合多平台的"生态圈"战略布局与竞争，传统商业思考里产业疆域的概念，在数字环境中的意义已越来越小。

他们通通都猜错：电商相关迷思

多年来，常碰到对于数字经营、电子商务有兴趣的各方人士，在媒体报道新经济诸多故事浮光掠影的引导下，对于电子商务经营有着形形色色的迷思。接下来，我们来讨论其中一些最常见的迷思。

1. 所有位子都被占据了，后进者已无空间？

要看懂数字经济，必须抗拒人性心理对于"确定感""恒常感"的偏好，接受"变"的常态。在无时不变的数字领域里，后进者所带来的破坏性创新随处迸现，机会一直都不缺；缺的，通常是创业必备的视野、想象力与披荆斩棘的决心。当然，另一个关键因素是机运。尽管机运无人能测，商学院也通常假装它不存在，但在新旧经济里它都是影响成败的关键因素。

2. 战场是平的，人人都可分杯羹？

这是20世纪90年代中期网络商业化开始时较为流行的乌托邦愿景，正好与前一种悲观想法形成两种极端。虽然数字经济里机会无处不在，但机会只留给有准备的人。要运用数字杠杆，还是需以前面提到的分析力、商品力、展店力、沟通力做支点。此外，无论如何运用数字杠杆，由人所构成的商业情境仍受商场中的重力法则所限制（例如财务方面现金流的重要性、营销方面高市场占有率的优势、人力资源方面员工满意决定顾客满意等）。

3. 价格是竞争利器，同商品的售价差异在网上大幅减少?

这同样是90年代中期网络商业化开始时即流行的想象。这二十年来，学界不断针对这一命题进行各种实证，结论大多是：对于某些标准化商品而言，同一地理市场中的在线售价分布范围与线下相比确实较窄，但价格收敛程度有限。也就是说，在线同品不同价的价格差异性，事实上比一般想象要大。这背后的原因，与各平台差异化的服务，以及用户惯用特定服务后的锁定效应（locked-in effect）有关。

4. 模拟时代的经营经验很重要?

在变动不居的动态数字情境里，因为用户习惯、竞争环境、核心能耐等关键环节的差异，模拟时代的经营假设与逻辑常不适用。过去不少线下原生的企业，面对数字挑战时，把在线经营只当作另一种渠道，想当然地复制传统经验，十之八九无法成事。

5. 线下的客源可以顺利移转到线上?

这是个看似自然实则误导的迷思。即便据北美零售龙头位置逾三十年的沃尔玛，在在线的竞争里仍不敌数字原生的亚马逊。再如一个市场中的书籍销售，实体连锁书店的龙头业者，在在线书籍销售方面都难以称王。非常明显，线下所经营的客户群，现实上并不容易就直接转移为在线客户群。这一方面是因为实体业界龙头往往非在线相关业务的先行者，因而丧失在线业务的先进者优势；另一方面，实体店点的经营其实隐含着与在线业务的水平式渠道的冲突。在实体龙头仅能投注部分资源与注意于在线的情况下，它们所提供的在线体验与服务细致程度，也往往逊于完全聚焦于在线的网络原生业者。

6. 集中资源，服务少数高贡献度顾客？

这个看似简单的命题，其实是一个流传已久，而在数字经营方面尤其不切实际的迷思。90 年代初期，西方系统业者大力鼓吹客户关系管理（CRM），相关的产业顾问因此高举 80/20 法则的旗帜作为销售的说帖。流风所及，很多企业人士逐渐把"80/20"此一叙述性（"多数的利润由少数的顾客所创造"）的事实误认为是规范性（"应该集中资源来服务高价值的顾客"）的目标。这种思考，通常迷信系统业者所提供的黑盒子般分析系统，可以有效预测出谁是未来最有价值的顾客。然而事实上，学界已多方证明未来有价值顾客的不可预测性。另外，尤其在数字环境中，由于前述顾客经营的低边际成本，如果固执地按照不可能高度准确的预测，去集中资源于少数被预测为高价值的顾客身上，相当不智。

7. 成功有方程式可循，可以复制?

这恐怕是数字经营方面最为常见的迷思。在不同的课堂上，从跃跃欲试想参加各种家家酒式商业竞赛的大学生，到旧经济出身卓然有成的企业人士，对于数字经营的种种，最有兴趣的往往是"成功典范"的故事。再怎么提醒数字环境的变动不居、机会之窗的稍纵即逝、典范最多仅供历史意义的参考，多数人仍无法接受数字世界里"过了那村，就没那店"的事实。除非亲身投入，局外人也难理解数字经营上不断实验的必要性与必然性。

📶 亚马逊你学不会 📶

要谈电子商务，就一定避不开这个领域里的庞然巨头：亚马逊。但是，亚马逊同时也是一家让传统的企业家、投资人都很难理解的企业。十几年来，它的营业收入持续飞速增长，在各国各领域不断拓展业务，鲜少获利，却有相当高的股价。

数字时代的经营成功之道，没有公式可循；何况亚马逊算不算"成功"，恐怕仍是个没有定论的话题。然而，要看懂电商之道，我们避不开亚马逊——毕竟在过去二十年左右的时间里，它一步一个脚印地示范了以数字杠杆突破传统藩篱的可行性，验证了电子商务颠覆传统模式的各种可能。

遇到谈电子商务的课堂，我常请学员上亚马逊官网，进入里面的投资人关系专区。从甫上市的 1997 年起，每一年随着年报的公开，创办人贝佐斯还会另发一封给股东的公开信，阐述他掌舵亚马逊的理念。私见是，若要找电商相关的书籍读，大可先从网站上下载 1997 年迄今历年的这一封信。顺着时间的脉络，细细读通了，应比读坊间一堆关于电商要怎么做、电商掌舵者丰功伟业的书，还要受用许多。

接下来，我们就从各种角度，通过历年信中切出的一些样本，来看看亚马逊之所以是亚马逊的独特之处。

企业文化：拥抱顾客 + 创新

从 1997 年开始，每一年贝佐斯给股东的信，都反复地提醒股东，亚马逊有"拥抱顾客"与"积极创新"的企业文化。

关于"拥抱顾客"的企业文化，2012 年的信里，提及亚马逊公司经营业务的动力来源，来自为顾客创造惊喜，而非竭尽所能去超越竞争对手。在这样的基调下，贝佐斯强调"以客为尊（obessed by customers）"的精神，才是亚马逊企业文化的核心要素。

关于"积极创新"的企业文化，2006 年的信中，贝佐斯提及，亚马逊的许多员工，都有过一些由千万元级的亚马逊种子投资开始，而茁壮为以数十亿、数百亿元计事业的经历。这些一手经验与企业文化的浸润，常成为亚马逊新创事业能成功的关键因素。除此之外，亚马逊一直都要求任何的新事业，都必须有高度潜力、必须够创新，也必须够与众不同。

坚持顾客导向的运营策略

无论是演讲、采访或文件上，贝佐斯常反复强调"以客为尊"这个亚马逊企业文化里的核心价值。用学术点儿的语汇来诠释，

115

这就叫"顾客导向"。

在亚马逊发展历史的相对早期，贝佐斯即标榜要将亚马逊打造成一家全世界最以顾客为中心的企业。譬如在 1999 年的信中，他提到要建构亚马逊成为一个顾客想在网络上找任何东西时都会最先想到的处所。为了这一目的，亚马逊将倾听顾客心声，为了顾客而创新，为每一位顾客定制他们希望看到的亚马逊店面，借此种种去赢取顾客信任。

在 2012 年那封信中，贝佐斯指出顾客导向的概念与发明创新间的关联。他提到，亚马逊以客为尊的结果，就是能激发出一种主动积极性。也就是说，亚马逊不会等待外界的压力，而会在需要出现之前，自动自发地去要求自己改良服务，提供额外的优点与功能以服务顾客。譬如，亚马逊会在顾客提出需要之前，主动降低售价，并且为顾客增加价值。亚马逊也会在市场需要具体成形之前，就先进行发明。而这些努力，信中明白提到，都是受到以客为尊的精神所驱使，而非因应对竞争对手所采取的措施。

在商言商，顾客导向对于亚马逊的意义是这样的：

"简单地说，对顾客有好处的事，终究也会对股东有好处。"（2001 年的信）

不断提升顾客体验

不断提升顾客体验，是为了以自我超越，取代被其他对手超越。1998 年，贝佐斯在信中表示，他三不五时地提醒员工们："要警醒、要惧怕——不是惧怕亚马逊的竞争对手，而是惧怕亚马逊的顾客。"他认为亚马逊的一切成就都是顾客赐予的，因此亚马逊有绝对的义务去经营与其衣食父母间的关系，提供良好的体验。

在 2001 年的信中，亚马逊顾客体验的三个支柱被明确地标示出来。它们分别是：丰富的商品、便利的服务、低廉的价格。

提升顾客体验，同时也是"拥抱顾客"口号的落实。而拥抱顾客，对于贝佐斯而言，长期来说就是个企业、顾客双赢的局面。在 2003 年的信里，他回顾 1995 年亚马逊开站后不久，就开始让顾客在线上对于购买商品给予评价。这样一件现在被认为是亚马逊理所当然一部分的事，当初让一些货主觉得亚马逊搞不清楚自己在干什么。彼时他们无法理解，亚马逊靠卖东西赚钱，为什么还要容许负面评论来干扰商品贩售呢？对于当年的那些质疑，贝佐斯在信中明白地表示，他当然知道负面评价可能让一个本想购买某一商品的顾客却步，也因此减少亚马逊的短期收入，但他相信借由各种评价帮助顾客做出更适当的购买决策，让顾客愿意不断回到亚马逊浏览、购物，长期而言对于亚马逊是利大于弊的。

此外，顾客体验这件事，在亚马逊实实在在地被缜密管理着。贝佐斯 2009 年的信，让众人一窥亚马逊的执着与认真。在信中，他提及亚马逊每年从秋天开始规划下一年度的目标，在新年前后的购物高峰结束后具体制订。这是个漫长、注重细节却也充满生气的过程。由于对于顾客体验，亚马逊有不断提升的急迫感，因此便靠着规划年度目标的过程，帮助亚马逊落实这件大事。他表示，当年亚马逊一共有 452 个详细目标，而一旦回顾清点这些目标，便能清楚亚马逊如何拿捏事情的轻重：

452 个目标中，有 360 个会直接影响到顾客体验。

"营收"这词汇被用了 8 次,"自由现金流"仅用了 4 次。452 个目标中,"净收入""利润"等字眼从未出现过。

将定价策略融入顾客体验中

既然从 2001 年起,价格被亚马逊明确地纳为顾客体验的一环,那么价格策略当然就跟顾客导向紧密连接在一起。2003 年的信里,贝佐斯诠释这样的信念时,说明亚马逊的价格策略并不把利润率的极大化当作经营重点,而是奉帮顾客进行长期价值的最大化为圭臬。他相信这么做,长期而言可以使营收不断扩大。

2008 年的信中,进一步引申这样的哲学。贝佐斯在信中说明其定价目标,是获取顾客的最大信任,而非追求短期利润的最大化。他衷心相信,靠着每件售出物品少赚些,亚马逊将持续赢得顾客信任,顾客会因此买得更多。

积极追求成长与规模的商业模式

用一句话来描述亚马逊(以及多数电商企业)理想中的商业模式,是这样的:

"我们很幸运地受惠于一个偏好现金、有高度资本效率的商业模式。"(1998 年的信)

在这样的商业模式下,数大就是美,规模经济和运营经验相辅相成。1999 年的信,说明亚马逊平台由品牌、顾客、技术、配送能力、电商知识、创新团队和服务顾客的热忱组成。到该年为止,这个平台已到了一个引爆点,让亚马逊能够比其他企业更快地创发新电商项目、更好地提供顾客体验、保持更低的边际成本、掌握更高的成功机率，并且更容易地扩充与获利。

至于此一模式在成本端的窍门，贝佐斯在 2001 年的信中解释得相当清楚。他指出，在运营上，亚马逊有个非常引人注目但又不被理解的特性。人们一方面知道亚马逊一心一意要提供世界上最好的客户体验，另一方面也了解到亚马逊的低价策略；但不少人看不懂这两件事如何有办法凑到一块儿。传统的实体店商，一直以来必须在高顾客体验与低价之间进行取舍。亚马逊怎么把这两件看来相矛盾的事一次搞定呢？贝佐斯说，这就在于亚马逊将包含缺补货处理、详细商品信息提供、个人化推荐和其他林林总总的新程式功能，都转化为大致上是固定的（程式化服务的）费用。因此，客服体验成本基本上是固定的，而这项成本在总成本中的比重随着我们事业的扩展而快速减少。在这样的意义上，亚马逊其实比较像是个出版模式（publishing model），而非一个零售模式（retailing model）。此外，例如出货、物流等顾客体验相关服务成本的变动项目，在亚马逊的操作模式中，也因错误的不断减少而实现成本端的不断节省。

锁定顾客需求的创新策略

至于成长的来源，亚马逊很清楚地依从以顾客＋创新为核心思考的企业文化，着眼于长期而非短期的收获。2008 年的信里，贝佐斯写道，看长不看短，让亚马逊集中力气去尝试眼前想不到的新事物。而这样的习惯也支持亚马逊去探索、去面对创新所需要的失败与迭代。他表示，如果只埋首于追逐眼前的好处，人们通常会发现自己和一堆有相同追逐的人挤在一块儿。

然而长期导向的思考,则和亚马逊们对于顾客的执着紧密贴合。如果亚马逊辨识出一项顾客需求,且确定该需求是持久而有意义的,亚马逊的模式将允许其花费多年的时间耐心地开发出一项解决方案。这种从顾客需求满足的结果"向后开发"的形态,与一般企业通过既有技能以追逐商业机会的"技术延伸"形态,形成鲜明的对比。"技术延伸"形态的思考是:"我们对于 X 非常在行。那么,X 还能帮我们干什么?"这当然是种有用的思考模式,但贝佐斯认为,如果全靠这种模式来思考,那么企业将永远无法累积新的技能,而既有技能终有一天也会过时。相对地,从顾客需求出发的"向后开发"思考模式,常需要亚马逊花不少力气去获取一些新本事,气喘吁吁才迈出第一步,但也终究帮助亚马逊结出繁花异果。

这样意义下的创新,强调的当然不是"好还要更好",而是"跳脱窠臼"。贝佐斯在 2007 年在信里回顾指出,亚马逊并不准备复制实体书店,而是积极去找出哪些事是只有新媒介办得到,传统方式做不来的。因此,虽然亚马逊无法提供作者在每本书上亲笔签名,也没办法提供一个顾客可以舒服地坐下、啜饮咖啡的书香园地,然而亚马逊始终全力提供只有新媒体才有办法提供的服务。例如通过读者线上评论辅佐顾客购买、给出"买这项商品的顾客同时也购买……"这样的提示与推荐等等,亚马逊自开办起陆续开发出一系列面向顾客、对顾客有极大价值的新服务。

跳脱窠臼,就可能改变过去的现实,创发新的现实。这码事可能是种本能,可能也是亚马逊基因的独到之处:

"没有任何其他事比'创发新常态'(reinventing normal)——

创发顾客喜欢且因此调整他们对于'常态'这件事的认知——来得让我们更感愉悦的了。"（2013 年的信）

在这样的创新过程中，一如所有搏出些成绩的新经济企业，必然认识到失败与换代实验的重要性：

"失败是发明创新过程中必然的产物，而非选项。我们理解并且相信创新过程中早期失败与换代实验修正的重要性。"（2013 年的信）

同时，也理解航海总会遭逢逆风：

"发明创造是个烦琐的过程。时间一久，我们多少也会在某些大赌注上栽跟头。"（2013 年的信）

创新的人力资源管理

不要忘了，电子商务是触了电的商务，其本质还是商务，而商务终需以人为核心来推动。因此，亚马逊把创新精神同时运用于人力资源管理上。这方面的独到之处，贝佐斯在 2013 年的信里举了几个可供参考的例子：

（1）"职业选择"（Career Choice）是一项教育赞助计划。亚马逊的员工，若在外修习任何像是航空器机械学乃至护理学等市场上有实际需求的课程，不论这样的学习当下对于亚马逊有无用处，都会获得公司预先补助 95% 的学费。贝佐斯表示之所以这样做，是为了让员工有所选择、选择成真。他提到，对于像发货中心里的若干员工而言，在亚马逊工作是一个长期的职业选择；但是对于同一工作场所的另外一群员工来说，亚马逊通常是通往其他需要专业训练工作的垫脚石。这方面，亚马逊乐意成全。

(2)"离职付薪"(Pay to Quit)是一项由亚马逊并于旗下的 Zappos 开始的做法。概念很简单,一年一度,亚马逊让员工选择是否要拿钱走人。第一年,若不干了走人,能拿 2000 美金;第二年则是 3000 美金;一直到 5000 美金为止。在这项措施的说明文件上,标题是:"请不要接受这件事"("Please Don't Take This Offer")。贝佐斯指出,亚马逊通过这件事,让员工们至少能思考一下,到底自己想要的是什么。无论如何,一个心不在此的员工留在亚马逊,对员工和对公司而言,都不是好事。

(3)"虚拟客服中心"(Virtual Contact Center)。在这一项目底下,员工们从家里而不是从客服中心提供客户支援服务。当然,对于有幼童在家或其他因素想在家工作的员工,这样的弹性是再理想不过的了。

重数据分析,但不为数据分析所役

"大数据"概念在商业上最理想的温床,就是电商。全世界也没几家企业,比亚马逊有更强的数据储存、分析、运用能力。但是真的懂得大数据的用处与限制者如亚马逊,绝不会把"大数据"当作万能仙丹。亚马逊在这方面相当清楚,数据毕竟是死的,重大决策终究得靠人来做成。

2005 年的信里提到,根据数学运算所制定的决策,通常较能取得共识。相对地,根据判断所制定的决策,往往较具有争议性(至少在付诸实行及验证之前)。任何机构若不愿意承受意见冲突,其决策模式就可能被限制在数字所指的方向。亚马逊根据对于数据的长期接触，理解到局限于数字指引的决策虽能减少争议，但却也大幅压抑了创新性，并不利于企业长期价值的创造。

专注于现金流，不在乎短期股价变动

华尔街出身的贝佐斯，有一套轻忽账面盈余、聚焦现金流的独特财务观点。近年来，华尔街和硅谷基本上已认同在新经济以顾客导向为主轴的经营里，这种观点的适用性。

为什么专注于现金流呢？2001 年信里说明：因为公司所发行的每一只股票，承担着的是这家公司未来的现金流的折现。也因此，现金流比其他任何财务指标更能解释一家公司的长期股价水准。在这样的逻辑下，如果你能确切掌握企业未来的现金流量与其流通在外股数，应该就能确切地评估这家企业现在的合理股价。

至于为什么不聚焦于利润、每股盈余或者盈余增长呢？2004 年贝佐斯在信里是这样解释的：简单地说，账面上的盈余并无法直接转为现金流；股价代表的是长期现金流的折现值，而非未来盈余的折现值。未来的盈余当然会是未来每股现金流的一部分，但不是其中唯一重要的部分。

作为上市企业，股价难免波动剧烈。贝佐斯在这方面的见解，看来和巴菲特等价值投资者英雄所见略同。2000 年网络泡沫破灭后，亚马逊股价一落千丈，贝佐斯当年在信里提及，他相信投资大师葛拉汉（Benjamin Graham）所言，短期里股票市场就像是一台投票机（voting machine），但长期而言它则是一台称重机（weighing machine）。他同时告诉股东，在 1999 年的多头行情中，大家争的是票选，而非称重；然而亚马逊是一家希望被衡量有几斤重的公司。彼时他信誓旦旦地表示，随着时间过去，潮起潮落，亚马逊将会被重新衡量、如实称重。他相信长期而言，所有的企业都会被公平衡量。在那个泡沫破灭的年代里，贝佐斯也宣告，无论如何风雨飘摇，亚马逊仍将埋头苦干，努力去打造一家重量级的企业。

那时信里他这么说。十多年后的今天验证，其言不虚。

认清电商经营的本质

历年来给投资人的信里，贝佐斯也描绘出他所理解的，事实上也确实适用于多数电商的电商经营本质。

关于电商的成本结构及其意义，在2000年的信中，他认为线上销售（相对于传统零售）是一种高固定成本与相对低变动成本的经济规模事业，这种特质让电子商务公司难以固守中型规模。

关于技术方面的发展与亚马逊经营哲学间的关联，在2010年的信中，贝佐斯揭示服务导向的架构（service-oriented architecture，SOA）是整个亚马逊应用技术的关键所在。在此架构下，亚马逊的所有团队、所有流程、相关的决策、新事业的创发，全都有高度的技术含量。同时，他在信里也提醒对于这部分缺少兴趣的股东："技术的存在不唯为技术故，技术导引自由现金流。"

亚马逊杰夫·贝佐斯历年给股东公开信的官方下载处

第七堂课
LESSON SEVEN

看懂 O2O

我说的电商，和你做的电商不一样

面向消费者，依托着快递、邮务公司，运送顾客网上订购商品的B2C电子商务，过去二十年间在全球各个市场中快速增长。2012年年底，王健林和马云两人在公开场合有一场著名的"一亿对赌"。作为中国商业地产龙头掌舵者的王健林，面对身旁马云所谓电商将基本取代传统零售行业的说法，非常不以为然，当下对众人宣称："到了2022年，如果电商在中国零售市场，整个大零售市场份额占了50%，我给他一个亿；如果没到呢，他还我一个亿。"

几个月后，传出消息说这次对赌只是开个玩笑，不算数。再隔没多久，2014年夏天，王健林的万达集团和腾讯、百度联手成立"万达电商"，万达方面占股70%。

关于万达电商的报道（优酷视频）

要搞懂这件事的转折，要先理解万达电商背后的"电商"概念，和阿里巴巴集团已卓有成就的"电商"模式，是完全不同的两件事。2012年对赌时，两人共同指涉的电商，是以实体商品为主体，需要靠快递货运完成价值传递任务的狭义电商。至于 2014 年成立的"万达电商"，则以万达本业的商业地产为焦点，本地服务为主体，走的不是传统狭义电商的路线，核心概念是我们接下来要讨论的 O2O.

何谓 O2O？

2010 年，有个叫作亚历克斯·蓝佩尔（Alex Rampell）的创业家，在一篇文章里提到，美国消费者一年的平均消费支出大约为四万美元，但其中仅有约一千美元花在网络购物（也就是我们前面归类的狭义电商交易）上。剩下三万九千美元的年人均线下消费支出，有很大部分属于 FedEx 或 UPS 这类快递业员无法运送的项目。针对这类狭义电商经营模式难以顾及的领域，他提出了一个"在线集客，线下消费"的"online to offline"设想，简称为 O2O。

O2O 说法原始出处的文章

当年这个概念的提出，主要指涉彼时资本市场中最为夺目的"团购"模式。团购模式，概念核心便是通过价格优惠的提供，在团购网站集客；接着，再引导这些已在线付款的顾客，进入实体店面里去完成消费体验。经过了几年的发展、演化，我们看到各种团购以外的 O2O 模式尝试。这些尝试，其中不少来自以 O2O 为核心概念的新创数字双边平台，但也有不少来自传统企业，这些企业在面临数字挑战时，决定主动突围。对于既有企业而言，O2O 的想象，很多时候是为了应对消费者线下选定商品、在线购买这类所谓"showrooming"行为，或是反过来在线搜索、线下购买这类所谓"webrooming"行为这两类新形态消费行为所衍生出的运营挑战。

接下来我们将讨论的一系列 O2O 变体，其中已有不少与原来 O2O 所指的"从线上带客户到线下"路径大相径庭。今天作为一个综合性概念的 O2O 模式，其实更贴切地说应该叫作"O+O"（即线上与线下加成融合）甚至"O×O"（即线上与线下相乘融合）模式。不过，为了符合一般习惯，在这里我们仍把各种线上、线下的融合之举叫作 O2O。

要理解 O2O 概念的背景，以及它实务上运作起来的难处，首先得掌握线上（online）和线下（offline）相关商业运营行为，在许多方向上的巨大差异。表 7-1 简单地陈述了相关的比较。认知到表 7-1 所列举的线上运营与线下运营的差异，我们便可将 O2O（或更确切地说 O+O）的各项企图，理解为企业在互联网时代追随消费者行为与习惯的改变，尝试较巧妙地运作数字杠杆，根据企业与行业特性，通过技术端与营销端的布局策动的商业模式变革。而这些商业模式变革的理论本质，在于结合线上与线下运营的相对优势，截长补短，提供线上、线下无缝接轨的服务，以经营客户群、扩大客户群。

表 7-1 线上与线下运营的关键差异

	线上运营	线下运营
资产属性	"轻资产"为主	"重资产"为主
成本结构	各项系统开发建置的固定成本占比相对较重	店租、水电、人事成本随运营点数增减，变动成本占比相对较重
成本收益特性	收益与成本间的因果关联性较弱	收益与成本间的因果关联性较强
地理涵盖	理论上无地理条件限制	受现实地理条件限制
相对优势	信息、长尾、实时性	地点、体验、即地性

根据这样的逻辑，对于原生于互联网的企业（如电商、内容网站等）而言，O2O 最主要的意义，在于跳脱标准化商品的经营局限，提供与顾客相关、定制而本地化的现实空间内体验与服务。相对地，互联网时代里传统企业的 O2O 行动，战略上主要针对现实世界优势无法复制到数字运营空间、现实与虚拟布局左右手互搏等这个时代的现实挑战。对于这样的传统企业，各种 O2O 尝试的意义，因此有很大程度在于：缓解随时创发的互联网新兴商业模式所可能带来的破坏性创新挑战冲击。

零售业落实 O2O 的基本检查项目

☐ 线上、线下商品价格相同吗?

☐ 线上、线下的"氛围"一致吗?

☐ 线上、线下的忠诚行为受到统整的鼓励吗?

☐ 在线能获取店面时、地、价等方面相关的推荐吗?

☐ 在店面可以通过手持装置掌握更多相关信息吗?

☐ 给出的优惠,可以贯通线上、线下使用吗?

☐ 消费者可以自行掌握实体店面有无某件商品吗?

☐ 可以在实体店完成网购商品退货,或网络上完成实体店退货吗?

常见的几种 O2O 模式

1. 自有运营的线上、线下整合模式

不少实体零售连锁业者，看清数字潮流的不可逆性，近年来纷纷尝试整合线上与线下的顾客体验。这方面，尤以美、日等大型企业，在概念与技术等方面的发展相对成熟。

举例而言，美国梅西百货近年来在运用数字技术方面相当积极。通过名为"后台通行证（Backstage Pass）"的实体店面内特殊二维码展示，在梅西百货里的顾客可以在手机屏幕上，取得卖场内展售商品的详细静态或动态（如短片）信息。通过虚拟现实技术，梅西增加了一些巧妙的设计，允许在卖场内游逛的顾客在特定地点摄影，制成现实或虚拟圣诞卡。而线上顾客也可以进入以虚拟现实为核心的"Macy's Magic Fitting Room"，进行虚拟试衣。通过蓝牙信号发送器的设置，梅西实体店点内的消费者打开装有 Shopkick 应用程序的手机，就可把手机当作逛街助手，取得各种店内动态信息。同时，梅西百货也广纳包括 Apple Pay 等新式支付机制。

梅西百货的 Backstage Pass 介绍短片（优酷视频）

读到这儿如果你有兴趣，也有时间，不妨上梅西官网（http：//www.macys.com/）逛逛。你会惊讶地发现，虽然梅西百货实体店主要以北美为主，但是其在线服务的设计概念，是个全球经营、本地化信息定制、顾客无论身处何处随时随地都可与它直接打交道的概念。整体而言，梅西百货的 O2O 布局，体现了全面零售（total retail）或全渠道（omni-channel）的意图，针对线上直接销售、线上引流到线下消费、线下体验线上提供互补信息、线下购物线上付款等场景，都进行了布局。

日本方面，无印良品和优衣库这两个大家都熟悉的品牌，近年来也稳健而方向明确地进行 O2O 相关铺陈。无印良品的数字布局着重由线上向实体店铺引流。消费者虽可在其网站上购物（邮寄或实体店铺取货），但多数的无印良品网站会员并不在该网站直接购物，而是在网站上取得细致的商品信息，掌握实体店铺的商品库存等情报，下载可用于实体店铺的折价券。2013 年日本无印良品更推出广受好评的手机 app "MUJI passport"，除涵盖网站具备的便利性功能外，也提供到店打卡积分、商品评论积分等会员优惠机制。

至于优衣库，我们可以看看它在中国市场的积极 O2O 作为。截至2014 年年底，优衣库大中华区有近 400 家门店，并以每年 80 至 100 家的速度持续增长。在这样快速扩张的动能下，优衣库有着一套清晰的线上线下整合发展逻辑。线下门店方面，店内悬挂张贴的数字化海报（Digital POP）和展示商品的挂吊牌上，多印有作为通往数字空间工具的二维码。优衣库以此欢迎入店的消费者，在店内尽情通过手机掌握更多店面、商品相关信息。消费者扫描 Digital POP 二维码，便被引导至优衣库官方微信页面，浏览当季热卖产品的推荐；扫描吊牌条形码，能看到包括价格、材质、门店库存乃至商品详细介绍影片。此外，在若干门店，试衣间外并通过另外的视讯设备，进行"搭出色"虚拟试衣活动，让消费者的试衣经验通过微信在朋友圈内分享。2009 年起，优衣库也在天猫开设旗舰店，且所有线上购物流量都导向该单一旗舰店。通过分析在线旗舰店累积的庞大用户行为数据，优衣库一方面可有效掌握产品设计与铺货的优化方向，另一方面甚至可整理出合适开设新店的区域。

中国本地的连锁零售业者间，近来最具野心的 O2O 意愿，则来自全中国最大连锁零售业者苏宁。它于 2013 年将原来的"苏宁电器"改名为"苏宁云商"，以宣示迈入互联网时代"店商 + 电商"经营形态的决心。在实体店广设 QR code 作为"云店"入口，并开启"线上、线下同价"的定价措施；希望通过大规模的虚实整合动作，将一千六百家门店转变为体验与服务中心，而以苏宁易购网店品种与客户群的扩大，实现"云商"构想。

📶 苏宁的选择题：等死还是找死？📶

中国最大连锁零售商苏宁电器，在 2013 年 2 月公告将企业全名更换为"苏宁云商集团股份有限公司"。随后，这个以家电零售起家的企业，全面更换企业识别标志，并将旗下超过 1600 家门市的招牌都换成"苏宁云商"。

根据苏宁云商董事长张近东的说法，这家企业将开展的是一种"沃尔玛＋亚马逊"的商业模式。他主张所谓"云商"，是电子商务、门市店铺商务和零售服务的综合加成。2013 年，在许多场合中，张近东和苏宁的高管，都强调苏宁所要发展的云商，重点在于 O2O（online to offline）与开放平台这两条轴线。

苏宁面对逐渐成熟的电器零售市场，加上电商日益逼近的挑战，营收与利润增长皆趋缓乃至停滞。2013 年 2 月，张近东将企业更名为"苏宁云商"，宣示了即将进行大开大阖的企业变革。同一时间，苏宁即启动组织结构调整。同年 6 月，云商概念进一步落实，苏宁实现了所有门市与苏宁易购网上购物超市同款同价的创新模式。在发展 O2O 商业模式的概念下，此一线上线下同价的做法，其目的在于"商品统一、价格统一、促销统一、支付统一、服务统一"。苏宁试图据此从根源解决原生于现实世界的电商，通常难以回避的线上线下左右手互搏问题。概念上，未来实体门市成为服务体验的提供据点以及物流配送中心，而电商部门则提供随时随地的顾客接触机会。在这样无缝接轨的布局下，苏宁尝试将电商一般视为包袱的实体门市，转为高附加价值的服务据点，而门市人员的绩效考核则涵盖邻近区域的线上销售成果。

在这样的变革背景下，2013 年 9 月，张近东公开宣示苏宁的"一体两翼互联网络线图"。其中，一体仍以互联网零售为主体，两翼分别为"O2O 全渠道经营"与"线上线下开放平台"。根据这一路线，这家企业将开展的是一种"沃尔玛＋亚马逊"的商业模式。他主张所谓"云商"，是电子商务、门市店铺商务和零售服务的综合加成。概念上，传统实体店未来要成为"云店"，且未来要"把门店开通到消费者的口袋里、客厅里"。

即便雄才大略如张近东，在上述种种动作中，透露出欲将苏宁塑造为独一无二云商的雄心。然而面对市场竞争现实，苏宁的变革也经历了剧烈的转型之痛。相对于传统劲敌国美电器面对互联网所采取的稳扎稳打、持续性扩张实体市场战略于近期所创下的较佳营利表现，苏宁云商自 2013 年下半年起，持续出现近年未见的营收、净利双降现象。

一般认为，O2O 计划中的线上线下同价战略，是此一现象的主要成因之一。此外，大幅转型过程中产生的新增人事等成本，也是个重要原因。针对各方对于苏宁转型的质疑，苏宁云商副董事长孙为民在北京大学的一次演讲，断然强调："在等死和找死之间，作为一个企业来讲，我说宁可找死也不去等死。因为等死是必然的，找死是自己决定自己的生死，所以即使左右手互搏，我们也要做这件事情。"

苏宁云商副董事长孙为民谈苏宁云商（优酷视频）

2. 网络原生平台主导串联机下的伙伴模式

前述由实体向数字空间完善化的动作，主要可见于美、日等实体运营本已相对成熟、细致的市场。但在中国，网络原生平台（尤其是合称 BAT 的百度、阿里、腾讯三大集团）主导，与线下商家协力的 O2O 动作，可以说是 O2O 潮流中的主角。

2014 年秋天，百度推出了移动平台上企业官方服务账号"直达号"服务。一般消费者在移动搜索过程里若搜索"@账号"（如："@海底捞"），或于移动版地图上搜索商家，即会直接被导入该商家的订制"直达号"主页。依照百度官方的诠释，直达号的开通，可为线下商家找到连接客户需求与提供服务的最短路径，且后台也为这些开通直达号的商家建构了客户关系管理（Customer Relationship Management, CRM）系统。

阿里集团把 2014 年定义为"O2O 元年"，以"千军万码"为主题。千军，指的是阿里争取将所有年营业额超过 10 亿人民币、门店数超过 100 家的零售品牌拉入高德地图，进行 O2O 结盟；万码，则指的是让二维码处处成为现实世界通往数字世界的入口。任务指向，是完成"四通八达"的 O2O 运作。所谓四通，指的是流量打通、会员打通、支付打通、商品打通。所谓八达，则是依托 O2O 而实现的八个核心业务场景：线下缺货时线上成交、线上支付线下成交、线上导流领券线下浏览与消费、优惠券线上线下通用、发货快递微淘进包、搭配套餐导购员推荐搭配、线上服务全国线下营销、品牌营销全线互动。这里牵涉"六方"：商家、平台、店面、导购、商场和第三方。

这"六方"里的店面端，例如中国的百货零售业，目前正大量依赖与阿里（如银泰百货）或腾讯（如王府井百货）等互联网集团平台的合作，试行通过将实体卖场与这些集团的既有线上产品结合，达到 O2O 导流的效果。

百货业以外，其他服务业也纷纷实验性地通过搭 BAT 的顺风车去触 O2O 的网。如海底捞火锅店，就与支付宝合作，实验通过门店的 Wifi 路由器设置，捕捉周边十公尺左右范围内 Wifi 与手机 MAC 地址的交叉资料，另一方面从支付宝后台取得人口统计与交易行为数据，而后进行精确的推荐与折扣优惠推送。

常被与拿来与阿里相提并论的腾讯，近期也积极尝试以微信作为 O2O 概念里的线上入口。2014 年秋，腾讯在成都环球中心测试"微信连 Wifi"。微信用户在购物中心内使用微信接口读取贴在商场橱窗上的二维码，就可以连接免费 Wifi，无须额外登录动作。

通过微信作为线上线下的接口，一些品牌商也开始尝试聚焦于品牌的 O2O 操作。2014 年天猫淘宝双 11 活动进行时，兰蔻采取了一套线上线下协同发展的战略性尝试。通过搭配包含畅销品"兰蔻小黑瓶"在内的组合产品（原价共 2360 元），成套以 1062 元（即 4.5 折）在双十一销售。具体的操作模式，是消费者在双十一前取得相关优惠信息后，首先关注兰蔻 LANCOME 的微信公众号（即成为其官方微信的粉丝），然后可进行预约，最后依预约到店交易领取。

BAT 之外，中国电商圈的另一大台柱京东，同样也在阿里所称的"O2O 元年"里试水线上线下协力融合的各种可能。2014 年春天，京东依赖 15 个分属一、二、三线城市里 12 个连锁体系的大约 1 万家便利店，开展 O2O 战略布局，举办了订单"1 小时到达"与"O2O 饮料节"里饮料 15 分钟送达等活动。通过这些尝试性质的合作，京东希望通过线上收单集客，凭借其过去几年间自建物流投资累积出的优势物流实力，为便利商店和超市快速配送，再由这些合作店点负责产品传递的"最后一里路"。通过基于门店的本地极速配送服务、线上线下整合营销、线上外部流量导入、服务延伸与品类扩充等变革，进行信息体系和物流体系的转型，至于中国四、五、六线城市以及农村地区，京东也展开了"一县一店"计划，打算在 2017 年年底前新设 2000 家"京东帮服务店"。规划中，再以这些服务店点为中心，开展派出流动宣传车、经营乡村代购等业务。

这一类型的 O2O，在日本市场又有不同的发展变化。例如网站流量非常大的 kakaku.com，是一个广受日本消费者欢迎、涵盖广泛的在线比价＋导购网站平台。不同于一般比价或导购网站的是，它所涵盖的业种范围极广，且包括线上与线下的消费。它以相当缜密而完整的信息，涵盖一般 B2C 电子商务商所经营的各业，以及如保险、搬家、家庭太阳能发电补助乃至葬仪等非传统店商涵盖的，服务为主体的业务。在 kakaku.com 搜索标准品（如电器、包装食品等），系统会给出大量的线上或线下零售商，并由低到高排序陈列。搜索服务，譬如一个欲来台湾旅游的日本人想在日本就搞定住宿方案，则从它的主页开始，只要点击两下鼠标，就可以搜索到四种不同的台湾 3G 短租方案；选定后点击就可以直接在线订购，再于出发时刻到机场取机。再如葬仪这种平常很难与电商联想到一块的服务，网站上选妥详细服务地点后，即呈现由不同服务项目组合而成的繁简不一的多种选项；从中择一，则出现建议服务商与各种（地址、电子邮箱、电话等）联络的选项。

雅虎日本近期也渐渐将其自身经营的 O2O 图像具体化。雅虎日本的操作方式，主要通过与线下商家合作，通过提供给消费者会员积分等诱因，吸引消费者通过在线搜索与浏览建立认知，线下到店，而后支付购买。

这类型 O2O 合作的结果，便产生搜索、到店记录、支付三类数据，可供合作体系成员分析，作为优化运营的指南。在这类型的操作中，积分一事很关键地让线下消费者的身份可以被辨识，并与在线雅虎会员数据汇总串联，拼凑出相对完整的个别消费者线上线下行为面貌。

举例而言，日本 CCC（Culture Convenience Club 发行）公司原就发行称作"T 积分"的通用积分，以店面收款机作为营销主据点。2013 年春天，全日本有超过四千万会员。尤其是二十多岁的年轻人，每三人中几乎就有两个人是会员。在雅虎的 O2O 服务布局中，有一块便是与 CCC 共同成立新公司，推展积分业务。2013 年，雅虎日本将其原来提供给会员的积分，全部转为 T 积分。雅虎日本同时也和 JCB 合作，并推出雅虎日本 JCB 卡，强调实体购物得到购物金额 1% 的积分，雅虎购物得到 2%，通过智能手机在雅虎得 3%。

3. 本地生活型 O2O 模式

网络原生的 O2O，另一种形态是作为一个专注于生活相关服务（非购物或通信为主）的双边平台，一端服务消费者，另一端经营多属个体户的专门类别服务从业人员。

这类平台，有专注于美甲类专门服务媒合者，如经营 O2O 美甲平台生意的"河狸家"。2014 年年底，河狸家在中国的六个城市（北、上、广、深、成、杭）提供线上下单付款，线下美甲师到府的服务。在风险投资资金挹注下，河狸家不介意每个月烧掉一千万人民币的运营资金，号称永远不向美甲师抽成，长期着眼于衍生服务或商品的盈利机会。单单北京一地，河狸家旗下便有大约 500 名美甲师。这些美甲师从既有实体美甲店挖角，河狸家不抽佣，并且还统一配发美甲器具、指甲油物料等生财工具。为了精进美甲师的技艺，河狸家请法国美甲师到中国辅导，也把旗下表现优异的美甲师送往日本培训。客户端根据美甲师地理范围和用户评价选择美甲师；美甲师业绩的好坏，因此与用户评价有相当直接的关联。

河狸家官网首页

　　另一型本地生活平台，则走综合性路线。例如"58 同城"，作为一个本地生活服务分类信息提供网站，相当到位地提供中国各个城市里与生活相关的各种信息。随着近期家政服务、美甲、水电维修等各种生活类型垂直领域 O2O 服务的涌现，58 同城也意识到除了信息方面的链接外，直接让供给者与需求者通过它进行服务供需连接的必要性，因此推出了以居家场景为核心的"58 到家"O2O 服务。2014 年年底，"58 到家"经营包括家庭保洁、看护、料理、上门美甲、车内空气净化、搬家、空调维修、开锁换锁等服务品类。需求端在线选择服务需求，通过标准化的公开价目信息下单。"58 到家"的平台则依照平台另一端服务人员累积的用户评价与地理距离派工。在这样的模式下，为了控制服务质量，"58 到家"建立了一套包括理论说明、实务操作、进阶训练和定期回训的培训体系。譬如家户清洁的"阿姨保洁"服务，"58 到家"请给菲佣进行职前培训的菲律宾老师来进行，提供标准而专业化的服务质量。

　　无论是特定领域或是综合性本地生活的O2O，平台除了媒合之外的另一项重要价值，便是确保不同服务提供商都能有接近标准化的服务表现。也就是说，平台提供一种品牌化、专业化、质量均一化的服务（针对服务需求者）与训练（针对服务提供商）。例如在美国西岸发迹、现已扩展到英、德、法等国的Homejoy到家清洁服务，清洁服务提供商除了与上述"58到家"一样须接受严格训练外，提供服务时穿着Homejoy制服，并且使用带有鲜明Homejoy标志的全套清洁工具。

到府家事清洁服务Homejoy为清洁服务提供商的沟通短片（优酷视频）

4. 线上导流到店型O2O模式

　　模拟世界的传统智慧指出，零售业经营成功的关键在于"Location, Location, Location"。数字时代则出现各种新生的企业，尝试打破地点的限制，通过在线引流，将客源带往传统上无法开店的隐僻店点。

　　譬如中国的"LOHO眼镜"，便是走这一路线的眼镜O2O电商模式。在网站上通过正品保证与详细商品信息集客，去除传统业内中介层以压缩进货成本；而面对验光、校对等需求所开设的线下店铺，因客流导自网络而非过路客，则采取非黄金店铺的"写字楼"店点战略，压低店租成本。在商品选择上，走的是Zara的流行品模式；在客户群管理上，通过线上客户行为的分析，采取超过百个登录页面（landing page）的细分市场区隔经营，讲求适配体验与细节管理。

LOHO 眼镜官网首页

又如发源于南京的"糊世刺身"，在偏僻巷弄间经营日式餐饮，瞄准 25 到 35 岁的年轻人，通过微博与微信带入第一批客人，再由口耳相传拓展客源。通过这一模式经营餐厅，甚至开在公共厕所对面的店点，据称每个座位每天都能接待十位客人。

5. 小区型 O2O 模式

小区型 O2O，强调本地汇纳需求至线上，服务提供商线上取得信息后，再通过线下管道提供需求的满足。

美国的 Farmigo.com，是一个强调去中介化，直接连接本地农场与邻近消费者的在线平台；它的名称由 "farm""I""go"这三个英文单词连接而成，言简意赅地传递平台精神。它的经营模式核心概念是生鲜农产品团购，外带部分直销色彩。交易过程，由实体内小区内的用户作为发起人，定期在 Farmigo 平台上发动生鲜农产品的团购，且每次团购至少需募足 20 笔来自同小区的订单方成立。订单成立后，由邻近中小型农场，于固定时间，将所订购的农产品运至小区内固定取货地点。

发起人方面，享受到折扣与抽成等财务方面的诱因。在这样的机制下，Farmigo 扮演着"食物小区"概念下的供需媒合角色。

Farmigo 运作模式介绍短片（优酷视频）

而作为中国快递业标志性企业的顺丰，近期尝试的也是线下到线上再到线下的路子。早几年顺丰即租下小区便利店，改造成小区服务中心。2014 年更尝试以店内产品平面信息 +QR code 为主的"嘿客"便利店经营模式，提供体验、预购、充值、缴费等服务。消费者在店内扫 QR code 进入顺丰网店选购，所选商品再由顺丰快递至店。顾客在店体验送到商品后，若不满意无意购买，不用支付包括运费在内的任何费用。

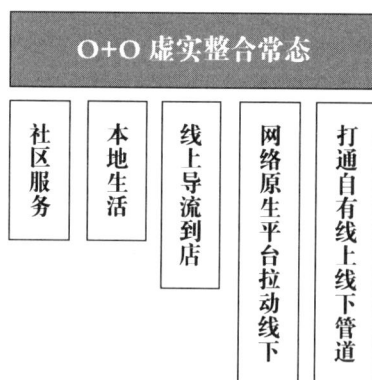

图 7-1 常见的 O2O 形态

作为一种数字杠杆的 O2O

　　从上面的讨论中，我们可以看见所谓 O2O，其实有各种可能的形态。O2O 可能发生在消费方进行高涉入选择或低涉入消费的情境；可能解决的是消费方当下就要的满足，也可能以预约的形态进行需求的满足；可能由在线导向线下交易，也可能反过来通过线下导流至在线；对于服务提供商而言，可能通过自创的在线接口来整合在线线下活动，也可能依托于既有平台；对于以 O2O 作为商业模式的企业而言，运营上可能主要依靠数字平台建置与相关数字沟通的"轻资产"配置，但某些形态的操作也涵盖了店点、销售团队、器具设备等源自模拟时代经营的"重资产"投资。凡此种种，都说明了 O2O 这个词汇可能涉及的做法相当繁复多元。

　　整体而言，O2O 可以看成空军（数字端）与陆军（实体端）的联合作战。企图通过概念上是 O+O 或 OO 的布局，经由线上线下无缝接轨，实现全渠道经营的理想。而这样的理想实现，现实上则有赖于线上线下平顺的对接、前台流畅的用户体验、信用信息的相关提供、后台标准化的流程、顾客需求可在布局范围内适时满足等关键条件的同时到位。

　　更具体地说，O2O 基本上也可以理解成是把非数字化商品转化为数字化商品的商业模式，通过平台接口，以数据串起虚实两界。这里所说的"接口"，就是 O2O 字面上的那个"2"。前面提过"数字杠杆"这个概念。在 O2O 情境下，这个惯称为"2"的接口，就是成功的 O2O 操作所需的数字杠杆。而这个接口所连接的，便包括顾客（人）、支付方式（财）、信息传播沟通轴心（资）和应用场景（事）这几个环节。表 7-2 便以前面讨论到的 BAT 三家 O2O 布局为例，说明 BAT 各自的 O2O 接口以及衔接串连的人、财、资、事这四个环节：

表 7-2 BAT 的 O2O 接口

	主要接口	人	财	资	事
百度	直达号	信息搜索者	百度钱包	广告系统	线下合作服务商
阿里	支付宝	购物者	支付宝	直通车	线下合作服务商
腾讯	微信	在线社交参与者	微信支付	广点通	线下合作服务商

掌握了这些概念后，就如销售界一代传一代的经典"ABC"智慧所指的："always be closing"。在 O2O 经营上，接口确定了，"人、财、资、事"也都布了局，最后就是"闭环"（也就是 "closing"）的思考与执行。

媒体上一般见到谈"闭环"，感觉上似乎只要把某个缺口焊起来即可，但一般 O2O 的局里，大多数情况下并没有这么明显的单一"缺口"等着毕其功于一役的"闭环"动作。有意义的 O2O 经营，面对的通常是需要不断缝补大大小小明明暗暗缺口的现实。面对这样的现实，要做好 O2O，还是得回归到企业的本质，即经营客户群这个不变的道理上。依循这个道理，O2O 终究是个以布局关键接口的数字杠杆创发，进行价值创造、沟通与传递的经营模式。如果能接受这一必然性，则 O2O 的所谓"闭环"，便是一整套打造理想接口、细致统合串联"人、财、资、事"各方面，以创造价值、沟通价值、传递价值的思考与行动。

表 7-3 闭环之所在

		人	财	资	事
面向消费端	价值创造	面向分众需求的价值要求	付款多元、简易化	品牌产生的价值感	差异化的服务体验
	价值沟通	面向分众需求的营销沟通	让消费者理解并选择多元付款模式	兼具理性与感性的多接触点沟通	线上线下一致而明确的信息沟通
	价值传递	面向分众需求的传递	便捷的付款流程设计	回馈会员累积消费后的优惠	无缝接轨的服务体验
O2O 运营死循环之所在		通过线上线下融合的服务设计，提供较传统模式更有吸引力的消费情境	线上线下的金流整合	线上线下对于交易记录与顾客行为等 CRM 相关信息的整合	SoLoMo 背景下，在线体验与地缘性消费经验的整合

📶 订餐 O2O 能玩些什么? 📶

这样的统合性思考，当然以顾客体验为出发点。就 O2O 实务上常需依赖的双边平台而言，所谓的顾客，又分属某领域服务的供需两端。以餐厅预订类的 O2O 平台（如美国的 OpenTable，中国的功能类似的大众点评）为例，这类的双边平台以轻资产为主，一方面靠在线前台提供消费端适切信息以创造良好体验，另一方面则必须有属于"走路工"的商家端业务能力。

对消费者而言，运用此类平台上网预订餐厅，当然希望能有相当的好处。这好处，目前主要是价格方面的优惠。另一方面，对于餐厅来说，支付佣金的目的，目前主要是引流与调节供需。然而这类平台如果仅能乘载两端各自的这种显性需求，很难打造一个可持续的商业模式。长期而言，竞争中的 O2O 平台，需要在显性的经济诱因之外提供新的价值给两端顾客。

对于消费端而言，新价值的可能性，笼统来说就是用户体验。环绕着餐厅用餐场景，体验相关的项目，如抵达餐厅前的在线点餐、食客特殊饮食与造访习惯的记录与照顾、特殊节日（求婚、生日）的个性化服务、餐后交通（尤其是饮酒代驾）的安排等，都可能是价值创造之所在。至于餐厅商家那一端，围绕着另一端的顾客体验，自然就产生顾客管理信息面的需要。从这里不难看出，这类迄今大量依赖"走路工"经营的 O2O 平台，进阶经营与持续经营的一个重要门槛，是干数据分析活儿的能力。

下一堂课，我们就来看看数字时代里数据活儿（或者大家现在流行说的大数据）这码子事儿。

第八堂课　数据与大数据

企业跟"大数据"之间的关系，有人说，很像青少年与性之间的暧昧：大家都谈得口沫横飞，但其实缺乏实践经验。然而，因为大家都误以为别人真的经验很丰富，输人不输阵的同侪压力下，自己也得宣称老于此道。

这种比喻基本上传神，但也不全然准确。因为随着生理的发展，青少年几年内进化成青年；关于性，多数就从尴尬的言传，自然进阶到实践积累的阶段。然而，今天多数企业看"大数据"，如果只着迷于大众传媒添油加醋的神话，或者受系统顾问业以销售为目的的游说所牵引，大概很难如愿在运营上"转大人"。

还是那句话：看懂，然后知轻重。

由少而多，由慢而快，由简而繁

早年想研究个什么事，想寻觅些数据，必须到图书馆翻查书目卡片，依照卡片上的索引号到不同书架前找书，翻一翻，决定要不要借，要借之后才在流通柜台借出书籍，留下整件事里唯一的一笔记录。

数字时代，同样一个信息需求的满足，无论使用 Google、其他搜索引擎，还是任何电子图书馆，从输入的关键词、检索过的条目、关注某一信息来源所花的时间、在线阅读某本电子书浏览过的页次，都会在信息服务提供商的服务器上留下完整的"数字足迹"。今天我们生活的方方面面，无论是购物、娱乐、通信，只要是在数字空间里进行的，同样都会留下翔实的数字足迹。因此，数字时代的特色，是大量传统情境中无法被搜集到的信息，在数字环境中会很自然地被一五一十记录下来。

这里便呈现出传统与数字时代间的一个天壤之别。在传统情境下，数据的搜集常态上是刻意的（譬如你得走到柜台借书）、费事的（借书柜台的服务人员得花点力气记录下你借了哪本书）、稀缺的（整个下午的搜索可能只留下一笔借书记录）。相对地，在数字情境里，所有行为都自然地生成数据。用经济学的语汇来说，数字情境里数据搜集的边际成本趋于零。

这一背景下，2001 年时任 META Group 研究员的道格·莱尼（Doug Laney），在某次演讲中首次指出，各种数字应用情境下，资料常在 "量（volume）"（指涉 "大量"）、"速（velocity）"（指涉 "高速"）与 "多变（variety）"（指涉 "多样"）这些方面，与传统意义下的数据截然不同。随着各领域近年海量数据集在数量、种类与累积速度都远非传统数据处理能力可及、转而须依赖众多服务器联合进行平行运算的趋势，并购了 META Group 的 Gartner 集团，近年沿用道格·莱尼的说法，具体定义 "大数据" 为："大量、高速、及时，或多变的信息资产。这些资产需要通过新的方式加以处理，以增益决策能力、深化洞察力与流程优化能力。"

在马云高呼所谓 DT（"data technology"）重要性、全球数据数量粗略估计每两年就增长一倍的今天，一般商业人士提到 "大数据" 时，其实有两种含义。其一，是作为对有如前所述各种特性的海量数据形态的描述性统称。其二，则是对于这类数据所进行的分析动作。

针对后者，报纸媒体近年已对于 "大数据" 应用上可能、可以扮演的，包括提升商业预测的准确率、驱动精准营销、优化电子商务、处理金融征信、侦测财税欺诈，乃至调度球队战术等角色，有过大量的报道。

在这方面，一般认为大数据分析，重点在于从海量数据中发掘知识，强调以全体数据取代抽样数据，同时处理结构性与非结构性的数据[1]，着重"是什么"而不问"为什么"（也就是重关联性而轻因果性）。

[1] 用一种多数人较易理解的方式来说，所谓结构性数据，就是不必花太大的转化功夫，便可直接输入电子表格以供分析的数据。例如时间、地点（经纬度）、金额、品种等。至于所谓非结构性数据，则是得花力气转化为数字或类别数据，才有办法输入电子表格进行后续量化分析的数据，例如声音、图像、影片等。

数据打哪儿来

对于原生于数字环境的企业而言，运营过程中自然产生、累积大量数据。在商言商，这些企业关心的便不再是如何搜集数据，而是如何整理数据、分析数据、"榨取"数据的价值。对于这样的企业，如Google、Uber、淘宝，除了资本之外，真正重要的另一项生产要素，已不是传统意义上的劳动或土地，而是数据。对于它们，竞争的关键常常在于能否有效将数字空间里大量、快速而多样的数据，转化为运营的资源。

另一方面，"传统"企业呢？想象一下，一个客人花二十分钟逛一家百货店，驻足过几个柜台，向销售人员做了些询问，最后什么都没买，走出大门。这样一件事，留下什么数据呢？依照目前的实况，可能只有店头监控用的闭路电视会留下这名客人的影像。但若他在那儿二十分钟里没什么特别的举动，一般不会有人特别从屏幕上去注意或记录他，基本上船过水无痕。

绝大多数的传统企业，面对的是类似的数据贫乏现实。在这样的情况下，任何"大数据"的夸夸言谈，都只是空中楼阁。不说空话和假话，此类企业首先必须想办法让现实世界里产生的各种顾客行为转为"数字痕迹"。

什么样的行为？什么样的痕迹？

佛法里"色、声、香、味、触"这世间"五尘",迷恋过深,就成了困死人心的"五欲";是众人陷溺之所在,心魔之所在。然而尘世打滚的芸芸众生,一辈子贪的也不外这五尘。在数字时代里,针对这五尘中的每一尘,近年都有各式各样专门针对的程序、传感器和互联网相连,以更加透彻地用来造更多的贪嗔痴——或者用商学院的话说:"进行更细致的分析,创造更多元的产品和商业模式。"

像是二维码、手机上的数码相机、Amazon 的 Firephone 图像辨识、婚恋网站的图像撮合作媒等设置、装备与服务,照顾的是与视觉相关的"色"。苹果的 Siri 智能语音服务、Android 系统里 Google 的辨声翻译,原始数据的输入形态都是"声"。"香"这件事,难度相对较高些。目前技术上可以通过液相或气相色谱仪一类复杂的仪器,仿造鼻子的功能;也能通过分子传感器测量某些化合物所释放的特定气味,但距离以一颗芯片就能辨识通用气味的理想,仍有很大一段距离。至于"味",近来百度推出的百度筷子概念,是代表性的数据读取尝试。而人们也通过 RFID、体感游戏机座、陀螺仪、指纹辨识等装置,尝试捕捉"触"的一些体验。

仔细审视这些记录,分析这世间"五尘"的需求,一方面它们都与接下来我们将讨论的"物联网"概念有关,另一方面不难发现其中大多还是源自数字原生企业的尝试,因此大多也可以理解成是数字原生企业"由虚入实"的意愿。至于传统企业,基本上还是得通过前面所讨论的各种 SoLoMo 与 O2O 尝试,自力或与网络原生企业协力地通过"触电"(接触电子商务活动),开始捕捉较为大量、实时而多样的顾客行为数据。

这里举三个例子。

在 PRADA 各地的旗舰店里,展示的每件衣服都别有一个不明显的

RFID 传感器。顾客每拿起一件 PRADA 服饰进入试衣间，这个试衣行为就通过传感器被记录，并传至分析后台。如果试衣的是常客，隔天就可上网进到一个 PRADA 设计的专属"电子衣橱"（digital closet），浏览这些试过的衣物，检视更多的相关资料。若有进一步的购买意向，还可通过该网站联系店员。除了上述的个性化服务外，通过分析 RFID 搜集的试衣记录，销量小、毛利高的奢侈品品牌 PRADA 还能找出哪些产品被拿进试衣间的机会多（代表它够吸引眼球）但被购买的机率低（代表顾客试了后并不满意），再去找出原因，进行产品优化。

去过迪士尼乐园的游客，不管造访的是哪一处迪士尼，多少都有排长龙等待、在园区摸不着方向的经验。近年迪士尼上架了一款广受好评的 "My Disney Experience" 免费 app，提供门票管理、实时等候时间消息、即地指引、快速通关（Fast Pass）、餐厅预先点餐、亲友同游信息共享等服务。2013 年迪士尼推出以 RFID 技术为基础的"我的魔法 +"(My Magic+) 魔力手环，在园区记录佩戴游客的行为细节。根据这些机制累积的数据，迪士尼一方面优化园区的服务设计，另一方面让第一线（常是进行角色扮演的）服务人员能够实时客制化他们对于游客的招呼。一个戴了魔力手环的小朋友和米老鼠握手（RFID 这时就传讯，扮演米老鼠的工作人员便可接收该游客的一些背景资料），米老鼠也许就能叫出小朋友的名字，甚至（若正好他当天生日）还能向他道声生日快乐。

再来，我们来谈 Nike 近年的作为。先上这个网站看看：nikeplus.nike.com。Nike 不就是运动鞋吗？和大数据会有什么关联？Nike 于 2006 年与苹果合作推出 Nike+ipod，在 Nike 鞋内安装感知器，再将感知数据显现于联机的 ipod 上，供用户进行自我追踪、记录。从这项创举开始，这几年 Nike 努力进行数字发展，结合各种移动穿戴装置与精心设计的活动，在"运动"这个主轴上，建立起它的大数据世界。

通过有如一个随身健身教练的 Nike+app，用户可以设定运动目标，记录自己的各种运动行为细节，与好友在线分享运动状况并享受好友的实时回馈。对于 Nike 而言，目前 Nike+ 平台超过一千万的会员，每天传回的 GPS 地理轨迹资料、个别会员的运动习惯数据，乃至加上穿戴装置后的脉搏血压等更细致的生理资料，都是有大数据意义的金矿。

现在，Nike 更将 Nike+ 平台开放给第三方新创事业，设计包括健身课程预定、球赛组织者管理、教练用临场电子战术广告牌、企业健康管理平台、儿童计步器等一系列新服务。当然，除了可以更紧密地进行会员关系管理外，这些动作也意味着 Nike 可以掌握更加多元丰富的顾客行为数据。

Nike+："Maximize Your Game"介绍短片（优酷视频）

从这三个例子里，我们看到原生于现实世界的企业，的确仍可能运用数字情境，掌握前所未有的新形态数据。但我们同时也看到，这样的可能性，一方面有赖理解数字情境后的创意，另一方面需要大规模地投资作为"由实入虚"门户的设置或装备。

数据分析能干什么

网站分析顾问公司 Qualaroo 的 CEO 肖恩·埃里斯（Sean Ellis），2010 年提出"成长骇客"（growth hacker）概念。这个概念，连接计算机编程和营销活动，通过网站浏览各种数据的分析、登录页面优化、内容管理、A/B 测试等活动，追求不断地诱发更多的用户、引发口碑扩散、经营用户黏性，以创造更多的获利机会。因此，它的本质是通过程序化与非程序化的连串动作，动态地进行无间断的用户经验优化。

不管数据大不大，这种发源于数字平台，以"数据→优化→增长→数据"为主轴的轮回逻辑，是数字环境里通过数据分析，追求另一种数字杠杆时的基本假设。这样的假设，配合上 STP 营销战略架构[1]，便引导出各种场景下通过数据分析提升效率与效果的可能性。

我们这就来看看，这类可能性的异质多元面貌。

---

[1] Segmenting, targeting, positioning, 营销战略的基础动作, 是通过相关变量将市场进行细分（即 segmenting），而后针对需求的一或多个选定目标市场（即 targeting），对其中的客户群进行定位（即 positioning）。

1. 从串流音乐服务挖掘选民偏好

移动音乐串流服务 Pandora，免费提供随选音乐至手机或平板电脑上播放。2014 年第二季，Pandora 的七千六百万活跃用户，一共收听了五十亿小时的串流音乐。

这个服务通过用户自选的音乐，辨识用户喜欢的音乐风格。通过音乐风格的辨识，加上用户初登记时注册的邮政编码、性别、年龄等人口统计变量，Pandora 得以凭借数据分析，猜测个别用户的产品偏好乃至政治倾向。通过不断优化此类猜测，Pandora 于串流的音乐间插入配适度较高的广告，并借以营利。2014 年年底的美国期中选举里，Pandora 就为 400 个候选人或议题播送广告。以竞选连任的佛罗里达州共和党籍州长里克·斯科特（Rick Scott）为例，Pandora 针对佛罗里达州的乡村音乐爱好者，大幅放送里克·斯科特的竞选广告。当然，这是因为历史数据显示对乡村音乐的爱好与对共和党的偏好呈现正相关。这一类的精准营销动作，当然不是传统的广播电台能够执行的。

2. 靠数据分析提高赢球概率

根据美国数据分析公司 Datanami 的说法，职业棒球大联盟目前仅仅一场三小时左右的例行球赛下来，就可以累积 1TB（=1000000MB）的数据。单一动作如投手投球，即可搜集到如手臂挥动速度、角度、球行轨迹等逾二十种数据。也因为这些数据的实时搜集与大量分析，改变了球队攻守的许多战术制订。例如内野手守备位置，传统上一般教练不大有临场调动的习惯；即便到了 2010 年，整个球季下来全联盟赛事里显著的内野防守圈位移（defensive shifts）次数约 2400 次。到了 2013 年，随着大数据分析的愈发普及，这类微观管理（micro-management）的动作就越加普遍，以至于全年见到 8000 次的防守圈位移调度。

数据分析当然不只可以用于棒球调度。在准备 2014 年世界杯比赛开始的过程中，德国国家代表队通过 SAP 公司所提供的 "Match Insights" 足球分析系统，分析敌我球员习惯，找出制胜的方程式。这一年，德国队夺冠。

此外，以导航装置见长的 Garmin，近年来通过如运动导航手表、自行车踏板功率计等健身相关穿戴式装置，实时搜集用户地理位置（GPS）与生理感测数据，储存在其自建云端平台 Garmin Connect，并给出用户需要的数据分析。在 SoLoMo 趋势下，Garmin 提供数据分享机制，供硬件用户将地理与生理信息分享给朋友。

3. 我知道你的阅读习惯和癖好

传统上，出版商只能借由销售数据判断内容商品受市场欢迎的程度。Web 2.0 的年代开始后，除了销售数据，出版商还可通过广泛分布的消费者在线评论资料，掌握商品被喜爱或嫌恶的原因。而今天，内容商品的在线渠道商，则可以更细致地追踪与分析单一商品被消费时的实貌。不管是电子书籍阅读平台 Kindle，音乐聆赏平台的 Spotify，影片观赏平台 Netflix，在消费者使用相关平台软件进行内容消费时，都可一五一十地记录下哪些段落被多数人跳过、哪些部分被一再回味。

网络租书店 Scribd，便通过分析月租订户在成千上万本书籍里的浏览行为，掌握了一连串有趣但之前难以验证的事实：(1) 消费者阅读书籍的速度,以情色小说类最快;(2)侦探小说的读者看到一半直接跳到书尾看结局的比例,和书的长度成正比;(3)借阅瑜伽书籍的读者,常常只翻览一两章就不再阅读。

4. 据说春运

大数据应用层面的一个特征是庞杂数据经过处理后的"可视化"(visualizability)呈现。2014年春节前后,央视结合百度地图和百度搜索的大数据,在晚间新闻时段推出"据说春运"和"据说春节"特别节目,以生动的数据影像呈现春运的人流、用数据解析害怕攀比的"恐聚族"如何过年。在中国,这是数据新闻化、新闻数据化的一个重要里程碑。

央视将春节交通数据具象化的"据说春运"报道(优酷视频)

5. 33,27,37

Metail是个双边平台。平台的技术核心是3D影像技术,平台的两端分别是一般消费者与服饰品牌。它的用户初登录时上传相片和身高、三围等资料,由平台创建专属的3D个人模型"MeModel"。用户因此可在平台上虚拟试穿平台另一端各服饰品牌提供的服饰,喜欢就可下单在线购买。除了收取成交的佣金外,MeModel的集合,是传统成衣业者梦寐以求的数据库；而这些身型数据加上虚拟试穿动作所影射的个别顾客"兴趣"，再加上实际成交的数据，未来便可能是服饰行业的大数据金库了。

6. 蚂蚁雄兵

阿里集团的"蚂蚁金融"业务，涵盖支付（支付宝）、小贷（阿里小贷）、理财（余额宝、招财宝）、保险（众安在线）、担保（商城融资担保）等多元金融范畴。

而阿里近期筹办网络银行，拟运用 B2B、B2C、C2C 电商平台上历年累积的用户相关人口统计与浏览、交易等行为数据，确立用户的信用属性，并借此提供各种金融服务。所谓信用属性判断的基本图像，举例而言，如果某淘宝用户收货地址多年都在同一处，支付宝上也显现相关水电开销的例常支付，再加上去年开始常态于淘宝和天猫购买婴儿用品，便可推论该用户可能有固定住宅，且近期家里刚添了新宝宝。这里所描述的各种金融企图，事实上都需要强大的云端运算与数据分析能力来支持。

7. 匹配指数

在线人力中介（招聘）服务是一种标准的双边平台，一端是求职者，另一端是雇主。传统上，雇主面对成百上千的应征者，HR 部门在选人上常如大海捞针。最近中国的招聘平台"内聘网"，在原先扮演的媒合角色上再加了一层文本分析（text analysis）的服务，通过机器初筛、人工优调，从求职者和雇主双边的需求文本（如自传、招聘说明）中提炼出六千个标签（tag）。通过卷标的标示，原先非结构性的文本变成相对结构化的数据，让内聘网可以进一步对每个雇主和应征者进行配对，尽可能生成相对客观的"匹配指数"。这也让主要针对互联网企业人力供需而服务的内聘网，因为平台这层依赖技术活儿而生的附加价值，而有了差异化的优势。

物联网的美景

前面所讨论的种种资料搜集与分析可能，通过作为贯通虚实的接口平台，基本上聚焦于"人"。当前市场上对于"大数据"的想象，另一个方面则聚焦于"物"。所谓的物，主要谈的是物联网的相关想象。

IBM 对于物联网的诠释短片（优酷视频）

20 世纪 90 年代，MIT 的凯文·阿什顿（Kevin Ashton）提出"物联网"（internet of things, IOT）概念。简单地说，物联网就是让设备与设备之间，通过（往往依赖互联网的）无线信号传递信息，促发设备的侦测、识别、反应、控制等行为，以此直接或间接创造价值、沟通价值、传递价值。就商业意义而言，物联网常以平台为基础，以数据分析技术为核心，来进行价值创造、沟通与传递。20 世纪 90 年代开始被讨论，21世纪初曾经有一番喧腾的"智能家居"（digital home）概念、近来热闹的"智能汽车"或"智能自行车"，乃至许多基于位置的服务提供（location

163

based service, LBS)，都是物联网的相关应用。

2014 年，孙正义在世界互联网大会上表示，今天每人平均有两个移动设备；到 2020 年，每人相关的联网设备数则将达 1000 个。这当然是个相当大胆的预言；但这预言的方向与脉络，却是清晰而确定的。

例如百度，近期开发出智能自行车"Dubike"，其上安装有踏频、踏压、心率等传感器，以及满足健康分析、定位导航、依托于骑乘路线的社交网络等需求的使用接口。依靠转化骑行动能发电的设计，这些电子设备无须外接电源即可在用户骑乘时运作。

百度的 Dubike 介绍短片（优酷视频）

又如阿里集团，近期通过智能手机操作系统 "YunOS"，与上海汽车集团合作发展"车联网"概念。除了"上网的车"这样朴素的想象外，阿里系生态圈内阿里云计算、高德导航乃至蚂蚁金融里的贷款、保险等业务，未来都可能成为车联网的一部分。想象阿里以用户的车为接口，拓展至一系列停车、洗车、修车的车行相关 O2O 服务……想象通过详细行车记录所订制的一张车险保单……想象阿里架构一个凭借前述用车行为、出险记录等数据为估价标准的二手车在线交易。想象……

再如各种零售服务业者，出于自利动机提供给顾客免费使用的 Wifi，即可视为是为物联网时代奠基的动作。通过 Wifi 建置与相关用户数据搜集，零售商不只建立了 O2O 的接口，而且为用户随身各种联网设备"由实入虚"后的数据分析做好准备。

近期我们看到林林总总的创发、收购与合作，像是 Google 的自动驾驶车开发、Google 对家用恒温装置制造商 Nest Labs 的收购、小米与美的为数字家庭（智能家居）未来而携手合作等，都可以"物联网＋大数据"这样的想象来解读。这些案子因着"科技进步"色彩而广泛被报道，但真正的长远商业意义却在聚光灯外的后台数据。以无人自动驾驶车为例，媒体有兴趣的是不用人去做判断，车子可以安全地在多变道路上行进的类科幻场景。但是对于如 Google 这样的开发商而言，开发无人车，代表了传统上做不到的，物理性移动这回事的完全数字化。对于 Google，无人车因此将是继计算机、手机之后，下一个关键数据乘载平台。通过物联网，车载数据大则与智能城市、智能交通概念相对应，小则能生发新一轮的金融、保险、休闲、购物、通信商机。

数据分析的限制

据说，亚马逊的创办人杰夫·贝佐斯（Jeff Bezos）曾在20世纪90年代创业之初，在一张餐巾纸上勾勒出后来20年间亚马逊茁壮成长的主要途径：　优异的顾客体验→更大的网站流量→更广的产品项目提供→更好的顾客体验。这是一个道理清楚，执行复杂的良性循环。而这个良性循环的坚实基础，就是20年下来亚马逊累积的大数据能力。这个能力展现在所谓"千人千面"的订制化、个人化网页以及网页上的推荐，展现在如Kindle阅读平台这类（曾经的）事业领域拓展，展现在物流仓储不多浪费一秒、多走一米冤枉路的作业优化，更与在亚马逊生态圈中越来越重要的AWS云端运算服务（每秒钟可处理150万次请求）互为因果、互相促进。

但是亚马逊毕竟不是一家传统企业，而是源于自然生发大数据的数字环境里。相对地，传统企业谈大数据，必须跨过很多道门槛，才有落实的可能。

首先，是数据的搜集。传统企业的产品和服务先天无法数据化，围绕交易前后的自然数据单薄而稀少。如前面迪士尼、Nike等例所示，非数字原生的企业，想走大数据路线，必然无法回避对于辅助性设备设施的大手笔投资。这些设备设施，是虚实整合的重要接口，也是大数据的输入端。少了它们，任何数据分析的想象都只是奢谈。因此，先不夸"大"，传统企业想通过数据分析创造新价值，首先回避不了的是 O2O 的虚实整合布局。打通了传统线下与数据接口所在的线上，才可能以合理的成本，常态性地取得关键数据，从而通过数据优化运营。

其次，是数据分析的能力。姑且不提"大数据"，就算是传统意义的企业数据分析，只要是目的上复杂些、形态上要求持续进行的，就很难依靠任何一种完整解决方案（turn-key solution）的建置而能毕其功于一役。和某些可外包的数据处理情境截然不同的是，不图建立、累积、沉淀内部数据分析能量，企业便绝不可能通过数据，长时间地创造与沟通价值给顾客。

再来，是一个相当关键的理解：数据分析或者大数据分析的施行，需要顾及人性。举个实例来说：如果企业组织里的人事任用与升迁，都能凭借大数据分析的结果来进行，似乎是件美事吧。谁有本事发展这样的人事大数据系统？不意外，是 Google。Google 向来以招募程序复杂而著称，资深人员也常抱怨太多时间花在协助进行一关又一关的面试考核上。因此，多年前 Google 即成立了以数据进行人力资源决策的系统开发项目团队。等到系统开发好之后，却发现 Google 这个强调"让数据说话"的企业竟然无人买账，大家仍然执着于旷日废时的传统人资管理程序。开发团队这才意识到，宣称替代人脑的系统，再怎么厉害，即便在 Google 这种组织里还是无法让那些"被取代"的人买账的。开发团队因此只好把这产品复位为人力资源管理方面的决策支持系统。当然，数据分析仍然给出了有意义的洞见。例如名校毕业这一常见的招募条件，就被分析为一个无关员工长期表现的条件。

最后，是听多了大数据神话的各业人士，常会觉得很逆耳的一个事实：商业情境里，再怎么厉害的大数据分析，一碰到真枪实弹的预测情境，都难有传说中的那么神。简单地说，再怎么宝贝的大数据分析，万变不离其宗的必然是对于历史数据的解剖。靠着这类解剖，可以得到许多过去没能知道的，关于过去变量间关系的"洞见"（insight）。但是这类分析商业意义上终极的用处，仍在预测。人们进行数据分析，终究是因为需要靠它来求一个对未来的确定感。

预测要确保精准，有三个必要条件：（1）历史数据已全面涵盖所有（或至少绝大部分）影响历史结果的解释变量；（2）模型能准确反映前述的解释变量和受解释变量间的关系；（3）对于未来结果的解释，和对于历史结果的解释一模一样（也就是说：过去怎么样，未来就怎么样）。

越有经验的预测专家，越清楚这三项条件凑齐的难度之高，以及任何模型碰到实际预测时必然的左支右绌。

2014年夏天，韩寒的《后会无期》上映时，北京一家主打数据预测的"爱梦娱乐"根据首映日票房，预测总票房约4.6亿元人民币。后来这部片子的实际票房结算接近6.3亿元人民币。同年秋天，描述民国时期才女萧红的电影《黄金时代》上映前，百度根据它占有数据制高点的大数据分析，做出了这部片由汤唯和冯绍峰领衔主演、在中国黄金周上映的片子，将仅有略高于两亿的票房预测。当时，一般都认为这是很保守的预测。不料，上映两周后，票房累积仍不满五千万元人民币。

这两件事，给中国影视界的大数据热泼了些冷水。但无论何处，着迷于大数据的众人通常无法接受这个事实：商业环境所在的开放系统中，预测不准是永远的常态。可能要等系统顾问业若干年后除旧布新，推出另一波新流行概念与词汇，让围绕着"大数据"招牌的造神浪潮退去后，大家才看得清，不管把"大数据"这三个字放大成几号的字体，神话终究只是神话。

📶 所以呢？📶

刚刚我们从不同角度，掂了掂数字环境中数据分析和大数据概念的虚实。传统企业若面对数字变局，渴望精进数据相关能力，请参考如下的建议：

☐ 先别好高骛远奢言"大数据"。组织里最高领导人得先看懂数据的能与不能，衡量组织特性，如实斟酌组织中数据可能扮演的角色。如果真的认为数据分析在未来的经营上占据核心地位，就该亲自督军，踏实而耐心地投注各种长期性资源，引领符合组织长期目标的数据发展与布局。

☐ 传统企业要做好数据分析，便须蹲马步：循序将组织范畴内既有的各种数据来源，整合到一个让未来各种分析需求发生时，都可随时取用的数据库。这件事外人虽能提供软硬件建置的基础服务，但因操作上涉及组织核心机密与复杂频繁的跨部门沟通协调，外人能帮的其他忙非常有限。多数传统企业在分析能力上的薄弱，主要就卡在忽视了这没三五年光景的聚焦投注成不了事的马步。蹲这道马步的正途，是长期培养组织内部的数据分析人才、逐步累积分析能量。

☐ 慢慢建立一种"让数据说话、让人才做判断"的组织文化。让组织逐渐养成善用数据而不受役于数据的习惯。

☐ 马步蹲稳了，再开始练功：这一堂课已提出诸多释例、下一堂课里也会进一步阐述各种数位空间里合纵连横与实验的功夫。在既有内部数据的基础之上，这方面的各种修练就让数据量、数据维度与数据分析能力的雪球，在组织领导者的支持与组织新文化的配合下，越滚越大。

　　□　果真如此，久而久之就自然会嗅到大数据的味道了。但真到那时候，组织内部反而就不太嚷嚷大数据了。Google、亚马逊这类数据经营者，内部沟通是不提"大数据"的。一旦上手，数据就是数据。有听说哪家工厂管自己独特的组装能耐叫"大生产"、哪家餐厅管自己的独家料理本事叫"大服务"、哪个很厉害的投手管投手丘上自己的动作叫"大投球"的吗？

　　□　不论什么时候，如果有谁告诉你，商业情境中某些过去无法预测准确的关键项目，现在可以靠新的大数据分析而常态性地准确预测，你必须提高警觉：碰上了个走江湖的郎中。

第九堂课　"互联网+"：新常态新引擎

LESSON NINE

IBM 几年前提出了一个综合"感知化"(instrumented)、"互联化"(interconnected)、"智慧化"(intelligent)的"智慧星球"(smarter planet)图像。在这个图像里,数据是企业的新资源、线上社交是企业的新生产线、云端是企业的新成长引擎、移动端则是企业的新办公空间。这本书所讨论的各种数字变化,就是依循着平台、沟通、数据、SoLoMo、O2O 等相互交织的轴线,具体从商业面出发,描画智慧星球背后的运行逻辑。

这里,我们综合先前讨论过的这些轴线,进一步检视数字浪潮中消费端的各种变化,以及它们所影响到的各行各业。

亘古的需求,创新的需求满足模式

1. 食

民以食为天。对于中国人,这句话尤其真切。日常生活中的食事,大家所关心者,不外乎吃得方便、吃得安心、吃得开心这几件事。对于现代吃货而言,数字时代里寻味求鲜,跑不掉的当然是前头提过的 AISAS 行为模式;凭借数字空间里的信息搜索(search)和信息分享(share)循环,大可更方便、安心、开心地照顾味蕾。

即便不是吃货,平常过日子,还是能通过如"空腹熊猫"(foodpanda)、"饿了么""美团外卖"这些水平型外卖平台叫餐,或是如上海地区糕点外送"楼下"这类垂直型平台,满足特定的口腹之欲。更有甚者,还出现了如号称"不想做饭，请个大厨"的厨师到家服务"爱大厨"一类的 O2O 新模式。

至于吃得安心的需求，这几年较常见的是通过产品包装上的二维码，所提供的在线产品履历信息链接。随着近来接连出现的食品安全问题，如何让消费者买得安心，成为食品相关厂商的新课题。休闲食品大厂联华食品，面对这一挑战，通过官网上的专页设置，详细交代每一批出厂产品的食品履历。消费者在该网页点选联华食品旗下品牌、品牌内详细的商品名称、商品包装上的有效日期，即可看到该批商品的原料内容构成、各原料生产信息、各原料质量检验结果等信息。数字环境中，这是值得所有负责任的食品业者参考的基本动作。

联华食品的产品履历网页

吃得开心，则可能来自有意思的沟通，或者有意思的用餐情境。前者，如大成食品，2014 年从 B2B 走向 B2C 成立"姐妹厨房"品牌时所经营的活动。为了强化顾客对于这个新品牌在食品溯源管理方面努力的认知，大成当时推出一款以简单的网页设计，略带"开心农场"风并走"众筹"路线的"土豪承包农场"在线游戏。在微信游戏平台上，消费者玩这个需要找四个朋友扮演溯源生产各环节的游戏；结束后填入真实地址，便可取得"姐妹厨房"主打商品糖熏鸡翅的试用包。此外，参与者还有机会参加抽奖，抽中者可以获得到台湾一游的奖励。微信之外，活动也借由具话题性的微博内容，进行活动引流。整个活动让原本名不见经传的"姐妹厨房"品牌，在网络上打开第一波的知名度，并且招募到数以万计的微信服务号粉丝。

至于通过数字平台创造有意思的用餐情境，例子则多见于西方，并以社交元素为基调。譬如美国的 Grubwithus，媒合兴趣相同且身处同城的食客，无论相识与否，很方便地相约在当地餐馆里共食。类似的平台 Grouper，则带有更强的婚恋交友色彩。彼此不相识的男性与女性，通过这个平台约好一起吃一顿饭；游戏规则是各带两名同性友人共同赴约，成为三对三的餐饮约会。这类餐饮社交的基本模式，现在也产生了一些更有意思的变形。例如源于以色列的 EatWith 和法国创发的 VizEat，便采取餐饮社交原则，而聚焦于经营接待外来旅客、让旅行者在旅游所在地接待家庭里用餐的细分市场。以 EatWith 为例，有参与意愿的当地接待者，在平台注册表明接待意愿后，先接受平台派人家访调查；平台派人实地到户确定厨艺与环境后，便将相关信息公开给另一端的旅游者。每次用餐单客支付 25 — 50 元美金，EatWith 抽佣 15%。当然，靠厨艺交朋友并且赚外快这回事，不限于向外来旅客要求。HomeDine 就是一个类似概念，这个在线媒合到户用餐服务平台以当地人（而非外来旅客）作为媒合对象。

线下美食交友平台 Eatwith Mezizi（优酷视频）

为善最乐。虽没法像杜甫"安得广厦千万间，大庇天下寒士俱欢颜"那么大手笔，但是如果有个机制，能让家里质量良好但一下吃不完的东西，有效率地提供给有需要的人，当然也是美事一桩。德国的 Foodsharing.de 与美国的 Leftoverswap，就是数字空间里依循这个想法，所建置的剩余食物共享双边平台。

2. 衣

为了满足自身穿着方面的消费需求，世界各地都有越来越大比例的消费者，通过 B2C 或 C2C 电子商务来完成。此外，C2B 订制模式，如美国的 Bonobos.com，青岛的红领西服，也为传统的手工西服与成衣西服业者带来挑战。

二手市场方面，同样看得到与新品市场平行的多种在线运营模式。譬如美国的 liketwice.com，专营二手女性服饰与配件的 B2C 销售，以与新品精品电商一样细致的画面，呈现每一件二手品，并保证售出货物为正品，买者还可于货到 30 天内退换货。当然，在如 eBay 或 etsy 等平台上，也有大量的服饰、配件相关的 C2C 交易进行着。

liketwice.com 的首页

在奢侈品方面，不少品牌早已从几年前极度担心损害品牌权益的自我设限中走了出来，他们不再仅仅将网络视作一个营销沟通的简单渠道，而是向"全渠道"的方向迈进。譬如 Burberry，无论是在其官网或是在天猫平台上，都已提供一部分商品，供消费者直接进行在线购买。中国市场里作为双边平台的"寺库"，以及进货自营模式的"米兰站"，则是聚焦于奢侈品服饰的垂直电商。

至于穿戴设备的各种相关尝试，则更是方兴未艾。除了已经上市的眼镜、手表等智能型穿戴商品外，从头到脚的各种服饰、配件，无一不能进行有意义的"智能化"变形。从前头提到的 Nike+ 尝试可以看出来，这类智能化动作要对用户产生真正的价值，除了设备联网之外，重点还在寄托于强大后台数据储存与分析能力所可能创造出的新服务。

衣，作为人生理的外包装，未来可能是一个重要的大数据战场。想象一个 Google 或者阿里旗下的服装品牌，通过传感器实时记录穿戴其产品的消费者地理位置、身高、三围、体重、体温、步伐状况、心跳、血压，也许还通过一顶潮帽可以测脑波……

3. 住

暂时性的居住需求，在共享经济的年代，最常被提及的是 Airbnb 这类的住房共享服务。而网络世界里能够更加优质地满足大众需求的，则是 OTA 经营了近二十年的在线订房。即便是这样稀松平常的业务，还是可以创造出不同的操作手法。例如 priceline.com 已经推行数年的消费者出价、酒店竞标；或者现在出现的，标榜"越晚越优惠"的 hotelquickly.com 或 hoteltonight.com。

至于永久性的居住需求，则要从购房谈起。这方面，号称是世界最大住宅开发商的中国万科集团，2014 年下半年展开了一系列实验性质的互联网布局。它与百度合作推广"V-in" 计划，在万科的商业地产中引进百度的 LBS 服务，进行即时消息推送和商场内导航等前台服务，并借由所搜集的数据，在后台的"万科城市配套服务商平台"上进行演算运用。同时，万科又与腾讯合作，推出"万科理财通服务"。在房产正式开卖前，顾客通过微信上的公众服务号填写身份数据与意向地产，然后以微信支付至少一万元作为订金。该笔订金将被冻结最长三个月，期间资金则投入绑定的货币基金；房产正式开卖后，可因这笔订金而享折扣优惠。若顾客欲提前退订，则须到该房产展示中心现场办理赎回。此外，万科也与搜房网合作，试验房产众筹。参与者投资至少一千元，取得目标房产的拍卖资格。当众筹项目筹得款项达到目标房产市价六成的金额后，即以该金额为底价，由参与者展开竞标，最高出价者得标。得标价与底标间的差额，连同参与者原始的投资，都会分配回给参与者。很明显地，万科通过这些实验，一方面试水互联网，发掘与房产相关的互联网金融商机；一方面进行面向新生世代的营销活动；另一方面，还能通过这些平台活动所搜集到的潜在顾客意向，进行大数据练兵。

谈到住宅本身，从 2000 年前后所谓"数字家庭"（digital home）的想象，到近年物联网概念下更加落实的"智能住宅"概念，也都以网络作为基础架构。综合各方面的看法与刚萌芽的一些案例，智能住宅的"智能"二字，在联网基础上，大致包含了安全（智能化、多层次保全系统）、福祉（对于大小范围内温度、湿度、空气质量、水、阳光等相关环境感知与调节）、乐活（通过网络提供家居相关的育与乐）、节能、便利等方面。

有人说，房地产是带动经济增长的火车头。果真如此，围绕着住居一事，除了以上所提到的方面外，数字时代里还有太多可以创造新价值的商业可能。我们来看一个有趣的例子。

　　南半球的夏天从十一、二月起，虽然时序相反，但和北半球一样，夏天日照久而阳光烈，热起来都很要人命。2013 到 2014 年间的南半球夏天，阿根廷 BGH 空调结合市政府都市发展单位和 Google Map 联手，设计了一个名为"我家是个烤箱"的网站。布宜诺斯艾利斯市民在这个网站上输入住址，该网站就计算出该址夏天受日照的时数。日照时数越高的地方，向 BGH 订购空调设备就取得越大的折扣成数。这件事的技术门槛不低——首先牵涉 2D 空间里地址的坐落、方向，然后还须顾及 3D 空间里的楼高与遮蔽等问题。但通过这样的活动，BGH 取得了布宜诺斯艾利斯有兴趣购买冷气者的详细数据，也成功进行了一项参与者觉得新鲜有趣的促销活动。

介绍阿根廷 BGH 空调创意的短片（优酷视频）

4. 行

　　行这件事，一般而言除了由 A 点到 B 点的物理性移动外，还牵涉目的、时间、工具与场所。

　　以工具分，交通工具传统上便划分为公共与自有。数字时代使用公共交通工具，越来越多人习惯通过数字终端订票、取得等候时间的准点信息。从北京市的部分公交车，到土耳其航空的客机经济舱里，提供免费 Wifi 也成为大众交通工具运营业者的一项贴心服务，甚至是商业竞争中的差异化经营利器。此外，共享经济里如 Uber 这样的平台服务，则是将私有工具在零碎服务时间中公用共享化的鲜明事例。

至于自有交通工具这头，在物联网概念的推动下，这几年则看到大量 IT 产业与汽车相关产业的合作，尝试"智能汽车"的创发。IT 龙头 Google 的 "Android Auto"与苹果的 "CarPlay"，便是它们各自所开发的车载信息系统核心。通过这样的系统，它们与车厂开展各种实验与合作，目的在于让各自生态系里的各种平台（如地图、语音、搜索、娱乐、社交等）与私人汽车无缝接轨，推动汽车成为智能手机之外的下一个重要移动载体。

Google 无人车 （优酷视频）

与此相关的车联网概念，迄今也已成各方垂涎的一块应许之地。例如近期富士康与江西高创保安公司签订战略合作协议，创设开放式车联网运营中心。又如腾讯联合四维图新，推出整合微信与其他腾讯服务的整合式车联网解决方案"趣驾 WeDrive"。

车联网的后台，其实蕴藏着更多元丰富的大数据商机。当汽车联网图像实现，实时车行资料搜集成真后，宏观层面如城市里道路交通标志自动控管、城际公路旅行的最适路线及时建议，微观层面如紧跟着驾驶行为的车险保单、道路救援、汽车保修，甚至与车行目的高度相关的实时实地食、住优惠信息推送，都很自然地将成为下一波新创数字服务的发展方向。

与"行"息息相关，传统上被纳入广义交通中一环的通信服务产业，作为各种互联企图的基础，近来也开始从防御的角度展开互联网时代的经营布局。譬如为了争夺支付作为大量O2O活动的接口机会，中国最大移动运营商中国移动，近期推出"荷包"移动支付平台；竞争对手中国电信，除仿效支付宝设立"翼支付"外，还仿余额宝推出了"添益宝"货币市场基金购买服务。在中国特殊的互联网生态下，这些通信服务巨头，也必须通过合纵连横的方式，避免自身未来的获利来源受到对手的蚕食鲸吞。

5. 育

谈到数字环境里的"育"，很自然地就会联系到近年东西方所看到的各种在线教育服务。这些在线教育服务，理论上经营的是现实世界中，各级正规教育系统力有未逮的零碎化时间学习行为；通过无远弗届的数字杠杆，提供多元选择，更弹性地提供学习的机会。就如其他数字空间里的行为方面，学习这件事，一旦发生于线上，就连带会产生出传统情境里无法企及的大数据分析可能性。传统上，学习的状况得靠片段的考试才能衡量；然而一旦学习空间搬到线上，各种学习行为都将被详细记录。这时候，哪些地方容易出现学习障碍、哪些教法在哪儿让学生觉得无聊，授课端都能通过分析而掌握和改进。

在线学习目前常被看作正规教育的补充；公私部门都在进行各类方兴未艾的尝试。公共部门方面，譬如英国政府近期便出资，由旨在促进英国创业环境的 Tech City 创立免费在线课程项目，以"数字商业学院"（Digital Business Academy）为名，结合剑桥大学贾吉商学院（Cambridge University Judge Business School），伦敦大学学院（University College London）等名校的教学能量，提供任何有志于学习数字环境元素、运用数字杠杆的创业家，在线通过专题项目的系统性学习，掌握数字商业技能。此外，全球各地的传统大学院校，近年来也纷纷尝试将课程在 Coursera，MOOC 等在线学习平台上开放。

至于私营部门的在线学习相关创发，更是百花齐放。以语言学习为例，2013 年被苹果选为年度 iPhone app 的"Duolingo"，作为一个免费语言学习与文字翻译众包的平台，让全世界的用户通过游戏化的技能树设计，依照自己的节奏与能力，学习多国语言。开发团队目前甚至尝试建立 Duolingo 测试成绩与 TOEFL 成绩的对照机制，让 Duolingo 上头的学习得到更正式化的评量与认可机会。

Duolingo 简介短片（优酷视频）

在中国市场，近年各种教育学习相关的商业机构，更大规模地尝试在线教育服务。整个市场由传统的光盘发行、数据下载储存等上一代模式，转变为以串流直播为主流的新一代竞争。到了 2014 年年底，无论是英语学习的新东方、环球雅思，还是以专业证书考试为焦点的嗨学，或者专营高初中补习的猿题库、初中小学补习的学而思等补习界企业，都进行在线课程直播的收费服务。在各方竞争中，甚至出现了以直播课程的搜索与推荐为要求的"选课网"第三方服务。

6. 乐

20 世纪 90 年代，互联网在各个市场里的快速普及，很大程度上受到在线"色"和"赌"这两类服务的方便与多元推波助澜。虽然不被主流社会道德观乃至法律所承认允许，这些相当人性化的"乐"，仍然与时俱进地在线上演化、蔓延着。

不谈赌色，进入数字时代，休闲娱乐也出现一片百花齐放争奇斗艳的变化。影、音、声、光方面的娱乐，在政策指向的"多屏一云"趋势下，让数字融合（digital convergence）概念的落实影响到所有传媒的布局，牵引出新形态的娱乐商业模式，并且也打破传统营销在价值创造与沟通上所面对的地理疆界限制。

从 BBC，ESPN 到央视，占据 20 世纪最后二三十年重要传播位置的大众媒体，在过去十年间纷纷启动互联网化的动作，希望为观众提供一种通过任何屏幕（手机、计算机、电视等）都可以收到信息的体验。另外，各种纸媒也都赶着进行虚实整合的工程。但很明显，这些传统媒体总会在改革过程中受到传统模式的牵引，转型动作多比网络原生的 Youtube，Netflix 等新创动作来得拘谨些。

在这样的情境下，我们看到像 Net-A-Porter 这一类结合传统时尚杂志与网购功能的新形态服务，直接在消费者习惯接触的大小屏幕上攫取注意。另外，通过这些屏幕，传统交易也能染上一层娱乐成分。例如2014 年世界杯期间，中国吉野家通过微信公众号，办了一项"冠军牛肉饭：我要猜球"活动。参与者在接口上选择心目中的冠军球队，就得到可在实体门店使用的各式优惠券。若所选球队被淘汰，还能再换一队。参与者无论猜测准确与否，都可得到优惠。因此，这个活动的本质，是通过在线优惠，结合顾客当时对世界杯的关注，一方面联络既有微信粉丝感情，另一方面吸收新粉丝。以上两个例子，其一是网络上创发的新零售模式，另一个则是借由网络举办营销沟通活动；它们都在一定程度上结合了零售与娱乐，都属于"retainment"（娱乐化零售）的尝试。

　　而就营销沟通而言，数字营销沟通杠杆，当然也作用在这里所讨论的娱乐环节上。2014 年央视春晚节目上，出现了新浪微博与央视的二维码合作活动。春晚期间观众扫描电视屏幕上的二维码，进入新浪微博特别规划的春晚专区，一方面可与参与春晚节目的演艺人员互动，另一方面则可参加由广告商所赞助的各种"让红包飞"抽奖。整个活动吸引了3447 万名微博用户参与，相关发文 4541 万条。发文中被转发最多（43 万）次的，是韩国明星李敏镐的拜年微博。

小城

1998 年冬天，诗人陈黎采集彼时家乡花莲街市招牌上鳞次栉比的名号，拼贴成一首有意思的诗。诗名"小城"，全诗如下：

远东百货公司

阿美麻糬

肯德基炸鸡

惠比须饼铺

凹凸情趣用品店

百事可计算机

收惊

震旦通信

液香扁食店

真耶稣教会

长春藤素食

固特异轮胎

专业槟榔

中国铁卫党

人人动物医院

美体小铺

四季咖啡

邮局

大元葬仪社

红莲雾理容院

富士快速冲印

这首诗中一连串招牌背后，明显展示着小城里居民生活各方面需求的"解决方案"。这些需求，无论是在太平洋滨的那座小城里、在中国其他一二三四五六线城市，还是在欧美任何一个大都市，甚或在印度的乡野间，任何时候都通过不同的形态，或多或少地被满足着。

我们就借用这页切片作为样本，来看看诗中所呈现的各行各业，除了前面已经探讨的衣、食、住、行、育、乐等方面的变化外，在数字时代里还可能出现什么样的多元经营形态与做法。

1. 百货零售

百货零售业，近期在全球各市场中都出现增长迟滞乃至衰退的现象。对于这一行而言，在电子商务经营者所带来的强大压力下，"全零售"以及"全渠道"等概念已非选项，而是为了生存，不得不朝之前进的方向。这方面，美国 Macy's 百货的各项虚实整合的布局，可说是表率。日本方面，多数的连锁百货体系官网目前也都同时担负起 B2C 电商以及与顾客数字沟通的功能，并通过以实体店消费顾客为核心指向的多功能

app 发行，往 O2O 的目标迈进。另外，如 AEON 购物中心，2012 年起以 AEON Square 网站，统整 O2O 导流、B2C 电子商务、金融服务等项目。在中国市场，则见到如 Costco 在天猫国际上开旗舰店这一类全渠道拓展的变形化操作。

在 2014 年年末的购物高峰期，Amazon 网站有近六成交易来自移动端。这样的数据，对于实体百货业者而言，无疑说明了在可预见的未来，快速布局移动化经营的绝对必要性。

此外，包括沃尔玛、塔吉特、梅西等大型传统零售商，在无法如亚马逊般全力建置专门服务电商的配送中心状况下，都纷纷开始尝试以实体店铺负担局部的发货功能。在这些店铺中，服务人员一方面执行传统的客服与导购任务，另一方面则需同时进行网购订单的处理。沃尔玛甚至将少数实体业绩不佳的门店，直接改为全职的配送中心。

而除了渠道意义上的管理外，百货业当然也意识到数字沟通的重要性。英国连锁百货公司约翰刘易斯（John Lewis），近年来每年十一月初线下（电视）与线上（Youtube 等视频网站）同时发布一档吸引眼球的圣诞节广告。2013 年以"灰熊与兔"为主题的卡通形态广告，在圣诞前创造了 Youtube 上超过千万次的下载数。2014 年的广告，以一个小男孩和一只名叫 Monty 的企鹅为主题，西方文化中的"Christmas spirit"为意涵，播出 36 小时内即创造逾五百万次的 Youtube 下载；到了年底，Youtube 点击量已超过两千万次。同年约翰刘易斯在官网上以每只 95 英镑的价格，在线售卖 Monty 绒毛玩偶；一推出就被订购一空。通过这样每年一次的精细营销沟通操作，约翰刘易斯已经让圣诞广告，变成英国民众冬天期待的年度仪式。而数以千万次计的在线广告点击，更是数字沟通杠杆的体现。

英国约翰刘易斯百货 2014 年的圣诞节广告 （优酷视频）

2. 咖啡店

20 世纪末陈黎创作这首诗时的花莲，犹是一座没有 7-Eleven，Family Mart 这类连锁便利超市的小城。诗里的"四季咖啡"，那时是小城文人聚留的处所。今天的花莲，不见四季咖啡馆，转而有两家星巴克。

几个世纪以来全球各地形态各殊的咖啡店，除了功能性的咖啡因满足外，都承担着更重要的休闲与社交功能。目前全球店点超过两万家的星巴克，面对数字潮流，重新诠释咖啡店的休闲与社交传统。2010 年起，北美星巴克开启"星巴克数字网络"（Starbucks Digital Network）服务，让顾客通过免费 Wifi，享受免费的在线报章内容、运动赛事转播、电子书籍与音乐下载。2012 年，星巴克开始设置"数字长"（Chief Digital Officer, CDO）一职，统辖星巴克卡、网页、移动内容、社交媒体、电子商务、在店在线体验等数字营销渠道的管理。创办人舒尔茨（Schultz）认为，星巴克的品牌意义不在咖啡本身，而在体验。传统上，这个体验由商品与店内氛围所构筑，而数字时代里星巴克所提供的种种新服务，无非是希望将星巴克体验向更加多维化、丰富化的方向发展。

当然，除了星巴克式好整以暇的体验外，有些时候，消费者需要的只是方便地买到一杯咖啡。2014 年，京东启动与各地便利店合作的 O2O 模式时，便揭示了"想喝咖啡，京东下单，好邻居就给送上楼"这样的线上线下接力、实时零碎化物流的图像。当然，这图像目前还仅仅是一个颇具话题性的设想。

3. 汽车服务

诗里的"固特异轮胎"，除了各地的经销商和合作汽车修理行外，为迎合 SoLoMo 趋势，现在也推出了名为"固特异道路救援指南"(Goodyear Highway Helper) 的 app 给车主，内容包括一指即拨紧急救援电话、简易维修保养说明、所在位置邻近警察单位、救援单位、轮胎行、加油站等信息、互动游戏等。

O2O 潮流下，相关的汽车修理服务业务，当然也出现了若干新创事业。创于北京的汽车快修服务"有壹手"，专营较不涉及原厂供应问题且一套机具设备与材料可服务所有车种的钣喷服务。通过网站下单、连锁店点服务的形态经营，"有壹手"在北京的店全部开在五环之外，但店内强调服务的透明化，将钣喷区分为底材处理、喷涂、抛光和钣金四个工序，进行标准化处理。服务方面，这个新创事业店点内的每个车位，都设有监控设备，供车主通过网络掌握钣喷工时进度。此外，它还提出"价格不低于当地同品牌 4S 店价格 30% 以上""施工质量及工艺低于当地奔驰宝马 4S 店""交车时间晚于当地同品牌 4S 店或门店接车时的承诺时间"等"贵就赔、差就赔、迟就赔"的服务要求。

"有壹手"汽车快修服务官网首页

4. 美容相关事业

O2O 狂潮席卷中国的 2014 年，无论是美容、美发还是美甲，都各自出现一群双边平台，一边为服务需求者，另一边是理论上被从美容店、美发店、美甲店的层层抽成中解放出来的手艺人[1]。

5. 葬仪

前面曾提及日本 kakaku.com，作为一个水平的比价与 O2O 门户，其中包含殡葬方面的垂直服务，提供用户通过地理区域的选取，了解透明的流程与项目计价信息，并结合了详细礼仪信息的提供。通过这样的设计，一方面让用户在治丧开始时，便可从容地针对需求掌握丧礼规划，另一方面也实际替合作的殡葬业者提供了宝贵的引流服务。

近来，在殡葬行业基本上宛如黑市的中国，也开始出现以 O2O 的思考切入，强调流程标准化、计费透明化的殡葬电商，例如强调"让所有

---

[1] 美容相关如"美丽加"，美发相关如"波波网""时尚猫"，美甲则如前头提过的"河狸家"。

人都死得起"的新创事业"彼岸"。

"彼岸"的首页

　　商业行为之外，生死之间，传统所谓阴阳两隔，在数字时代也有通过另类 O2O 布置，让后人更体切追忆先人的可能。近来最常见的，是通过墓碑或骨灰坛上的二维码，让吊祭者瞻仰逝者生前种种留在数字空间里的文字、声音和影像资料。

6. 宗教

　　2013 年 3 月获选为第 266 任教宗的意大利裔阿根廷人教宗方济各，是全球宗教界迄今在数字空间里最有影响力的人物。通过九种语言的 twitter 账户，他有逾一千四百万名粉丝。教宗方济各常通过 twitter，发布圣经箴言和祝福话语。他在西班牙文账号里的每则推文平均被转发超过 10000 次，英语账号每则推文平均也被转发约 6400 次。有趣的是，他也曾多次公开指出，人生的时间由上帝恩赐，不应该浪费太多在滑手机上网这类事情上。

　　至于中国，从各方面看来都具代表性的河南少林寺，自 2001 年便开始通过官网对外沟通。初时，仅由武僧负责，后来越做越专业，2010 年还开通了英文版网站。随着时代演变，今天的少林寺办公区域，已完成全局 Wifi 覆盖，且僧人都配有智能手机，将少林文化从根基的历史遗产、药局、禅修中心，逐渐扩大发展到功夫、医学、礼仪等范畴，少林寺近年积极进行与时俱进的对外沟通。它在 2012 年开通微博，2014 年开通微信，并且招聘"文字功底扎实，兼具英文沟通经验，有新媒体实战、组织、运营经验"的"媒体总监"。条件方面，男女皆可，无须出家吃素。

少林寺官方微博

7. 政治

和中国的春晚一样，超级杯美式足球冠军赛的电视广告是美国市场的指标性时段，30 秒的电视广告要价达 400 万美元。近年来，无论有无在这个盛事中花巨资进行电视广告的品牌商，都不约而同地在赛事进行期间，通过 Twitter 等社交媒体，进行实时营销 (Real Time Marketing) 活动。

2014 年的超级杯冠军赛事期间，Twitter 统计平台上有约 2500 万条与比赛相关的推文被转发。有趣的是，这些推文中转发数最多（超过 5 万次）的，是美国前国务卿希拉里·克林顿 (Hilary Clinton) 一条带着美式幽默、球赛与政治双关的推文。当然，美国乃至全球，网络影响力最大者迄今还是美国总统奥巴马。他的 Twitter 粉丝超过 5000 万人。

* 当时希拉里因为一系列外交策略失当而受到媒体质疑，因此她在推特上自嘲："看到别人被舆论围攻，超级碗就变得有趣多了。"

图 9-1 希拉里·克林顿的推文

互联网金融

除了网络原生的各种服务外，金融业因其营业面的高度数据化特质，理应是最容易融入互联网思维的行业。然而即便进入 21 世纪已久，世界各地的"传统"金融业者，多难忘怀 19 世纪 《伦敦银行家手册（The Handbook of London Bankers）》 一书描绘的伦敦金融区 Lombard Street 场景。古老银行家雪茄、香槟、红毯的优雅想象，和触网触电这类小毛孩儿的事之间实在颇有扞格。也因此，迄今的互联网金融现实，几乎所有的创发力量都来自互联网；而阻挡创发的力量，则多源自古典意义上的金融业[1]。

无论如何，金融首重信用。基于信用，衍生出支付、投资、融资等基本金融业务。互联网金融，目前则泛指传统或网络原生企业，借由在线平台涉足金融、保险、理财等类型产品的开发、销售与管理。

就历史发展而言，一个市场里的互联网金融活动通常始于交易相关的支付这件事。在美国，随着以 eBay 为代表的 C2C 电子商务兴起，90 年代末开始出现让用户通过电子邮件账号移转资金的 PayPal。既然是一个可以储值、支付的在线平台，那么平台用户自然便有将储值金额活化运

---

[1] 此事的历史意涵，请参照第一堂开头处，对于"历史的必然"与"历史的偶然"的相关辩证。

用以收益的需求。PayPal 于是在 1999 年推出货币市场基金商品，规模最大时曾到达十亿美元。但后来因金融海啸发生，基金规模巨幅缩小，PayPal 遂于 2011 年结束该业务。

在中国，阿里集团为了支持 2003 年所创的淘宝业务，而于 2004 年创支付宝。从支付宝开始，阿里集团近期逐步开展一系列金融平台。本质上，电商金融平台可粗分成由第三方金融机构协力而平台扮演产品中介角色（如余额宝），与不依赖协力金融机构而推出自有产品（如阿里小贷）两种。两者的本质，都在于掌握电商平台上产生、累积的海量数据，以量化模型分析信用风险。

支付宝成立十年后，阿里集团已建立起完整的互联网金融生态体系，在 2014 年以蚂蚁金融服务集团之名，管理支付宝、支付宝钱包、余额宝、招财宝、蚂蚁小贷及正在筹组的网络银行六大业务。

表 9-1 蚂蚁金融服务的业务组成

业务区分	性质	规模
支付宝	支付为主的平台	实名用户逾 3 亿
支付宝钱包	移动支付平台	活跃用户逾 2 亿
余额宝	支付宝衍生的理财平台	用户逾 1 亿，资产规模逾 5000 亿
招财宝	投资理财开放平台	

（续表）

蚂蚁小贷	针对微型企业的小额贷款服务	逾 70 万借贷户，金额累计逾 2000 亿
网络银行	无实体分行的网络银行	筹设中

*注：本表所列出的，是 2014 年年底的数据。

蚂蚁金融借由开放平台的方式，对合作伙伴开放云端运算、大数据和市场交易等服务。既然名为蚂蚁，这方面的服务顾名思义，是以消费者与小微企业为目标客户群。

至于 B2B 方面，阿里集团则与中行、招行、建行、平安、邮储、上海、兴业七家银行合作，在 2014 年推出名为“网商贷高级版”的无抵押品贷款方案。在这个服务中，阿里巴巴通过第一手累积的顾客外贸数额，以及如海关统计等二手资料，给出企业信用评价，提供给参与此方案的合作银行进行放贷。最高授信为 1000 万元，利率不高于 8%。

阿里如此，竞争的其他电商当然在金融方面的经营也一样积极。以京东为例，在“京东金融”事业群底下，经营着理财、众筹、保险、信用贷款等消金业务。按照创办人刘强东的说法，京东金融的逻辑在于以零售创造用户与围绕着用户的数据，通过用户与相关数据，金融业务就水到渠成。依着这样的逻辑，近期他曾预估，十年后京东将有 70% 的净利润来自金融业务。

除了上述电商经营综合性消金业务的案例，网络去中介化的特性，加上银行体系融资渠道的狭隘，也让如在线 P2P 平台借贷一类的新生互联网金融模式兴盛于中国。据统计，2014 年年底全中国有 1540 个 P2P 在线借贷平台正在运行；虽然背景五花八门，这些平台当年却也共同创造出 2500 亿元的借贷交易额。其中，有大型银行支持者，如招商银行的小企业 E 家、国家开发银行的开鑫贷和金开贷、民生银行旗下民生电商的民生易贷等；有 A 股上市企业投资者，如黄河金融、鹏金所、银湖网、隆隆网、腾邦创投等；也有背景出奇如火锅店者，如北京东直门簋街上"笭笭酸汤鱼火锅"推出的"笭笭财富"。

📶 传统银行的应对 📶

面对互联网金融带来的压力，传统银行自不能坐以待毙。这时，反倒见到一连串老大哥向小弟小妹"致敬"的动作。举例而言，跟随着网络小贷平台以"快"见长的流行，中国建设银行近期推出包括"快 e 贷""融 e 贷"与"质押贷"的"快贷"产品系列。其中，普通客户在线填写申请表，不须提供额外材料，也不须到实体行点，几分钟内便完成在线申请、审批、签约和支用等流程。贷款者在 9 个页面之内，通过"快 e 贷"，可贷最低 1000 元，最高 5 万元。贷款利率一般为年化 7.2%。

但是受到既有运营模式的牵绊，传统银行在"模仿"或"适应"互联网金融的过程中，仍不免因模式冲突而有些窘迫、尴尬。例如招商银行，2014 年夏天仿效余额宝，推出"朝朝盈"货币市场基金商品，商品收益与余额宝一类的同质产品相仿。但可能因为与低利率的活期存款业务相冲突，招银仅在智能手机银行上非常低调地承做它，连官网都不见相关信息。

究其实，"互联网金融"和我们于第二堂课里曾讨论的"Bank 3.0"，分属于同样的数字潮流下，诠释金融业变化的两种角度。前者，聚焦于产业端，以各类型平台为主要讨论对象。后者，聚焦于消费端，主要关照 SoLoMo 环境中的消费金融相关行为。两者其实是数字环境中，新金融现实一体的两面。图 9-1 简单综合两方面的重点。

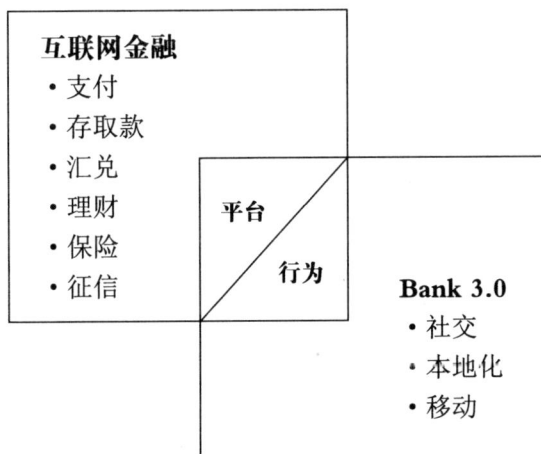

图 9-1 互联网金融与 Bank 3.0

互联网 +

2015 年 3 月，国务院总理李克强提出"互联网＋"概念。

"互联网＋"，其实就是我们这堂课的主旨，也是这整本书所要指向的大势之所趋。用这样的语法，我们这里谈的种种数字可能性，便关系到："互联网＋衣""互联网＋食""互联网＋住""互联网＋行""互联网＋育""互联网＋乐""互联网＋汽车""互联网＋宗教""互联网＋政治""互联网＋葬仪""互联网＋金融"……

第十堂课 看懂，然后知轻重

这本书从"变"的必然性谈起，沿路我们纵览了互联网这个大局的背景，探索了在它基础上商业行为所依赖的平台是怎样一回事，理清数字沟通的不同门路，近距离观察了 SoLoMo，重新检视了电子商务的范畴和特性，多方讨论了 O2O 这档事，检视了大数据概念的实与虚，也游逛了接枝于互联网土壤的各行各业变化。现在，是该收尾的时候了。

举重若轻的数字杠杆作用

书里不同的角落，几次出现了"数字杠杆"这个词汇。它其实是互联网思维连接商业应用以创发价值的核心概念所在[1]。能否具体掌握、有效操作数字杠杆，将是现实市场竞争的成败关键。

所谓的杠杆，依照维基百科目前的定义，是这样的一件事："在力学里，典型的杠杆（lever）是置放连接在一个支撑点上的硬棒，这硬棒可以绕着支撑点旋转。某些杠杆能够将输入力放大，给出较大的输出力，这种功能称为'杠杆作用'。杠杆的机械利益是输出力与输入力的比率。"据此归纳本书迄今的相关讨论，数字杠杆则指在商业环境中，企业通过适当的数字布局，达到长期间较低投入、较高报偿的杠杆作用。这类杠杆作用，可能的来源如下。

---

[1] 用这个词汇的中英文各自 Google 了一会儿，发现除了 sales talks 外，似乎还没有谁比较系统性地诠释这个非常重要、总结互联网思维商业应用潜能的核心概念。那么，我们就用书里头已探讨过的各方面，于此将"数字杠杆"这个概念好好梳理一番。

1. 成本结构决定的运营弹性 (scalability) 杠杆

就简单的经济概念来说，数字环境里经营顾客户群所产生的边际成本，因为固定成本比例较高、变动成本比例较低的关系，通常只要达到一定规模后，就会显著地小于实体环境下经营顾客群的边际成本。在云端储存与运算成本相当低廉的情况下，数字经营在运营上因此享有高度的扩张弹性 (highly scalable)。

设想一下，网络上卖出一张机票，和旅行社临柜卖出一张同价的机票，两者成本上的差异。再设想一下，旺季时同时数万人要买机票；这时若通过网络端售票仅需暂时性调整后台（常常是短期承租第三方云端服务的）云端容量、计算能力与带宽，但若通过实体渠道，就很难立刻消化大量需求。这些都是运营面的数字杠杆作用。

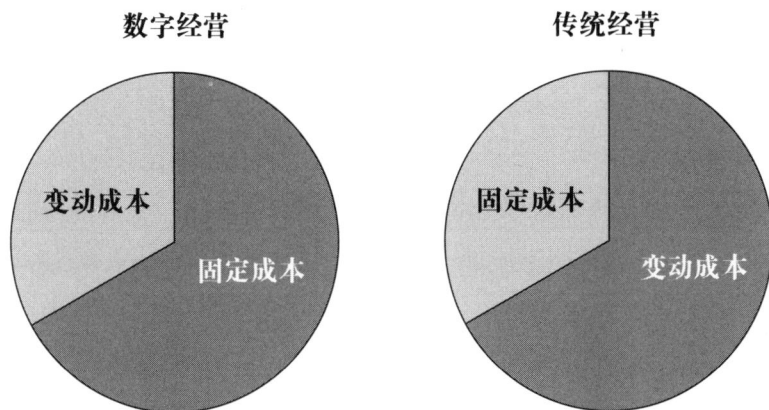

图 10-1 不同的成本结构（示例）

2. 线上线下统合的杠杆

关于 O2O，我们在第七堂课里做过了仔细的讨论。虽然形态万千，但 O2O 这个概念发展至今，理想上指望着的，不外乎通过一个提供各种附加价值的双边数字平台建置，让前头提到的运营面数字杠杆作用可能性，实际发生在现实世界的服务项目中。

本书一再提到的例子，如 Uber、Airbnb、河狸家等，都是这样以平台为基础、O2O 为概念、信任为黏着剂所经营起来的事业。这样的事业，一旦模式操作纯熟，平台对于分属两端的两群顾客（如 Uber 的司机群与乘客群），自然可以期望无论是运营面或者是沟通面，在客户群经营上发生杠杆作用。

3. 突破地理范畴的杠杆

2014 年年底、2015 年年初时，中国掀起一阵"跨境电商"的风潮，各大电商平台终于纷纷涉入这个领域。说实在的，以电商经营行家自居的这些平台，因为各种因素或限制，这时才想到数字经营上突破地理限制的杠杆作用，算是很后知后觉的了。美国 Macy's、Nordstrom、J.C. Penny 这些原生于实体环境的百货零售业，更早便认知到这个方面，与第三方物流建妥合作关系后，早早便将它们的在线购物网站"全球化"。图 10-2 只是个例子。

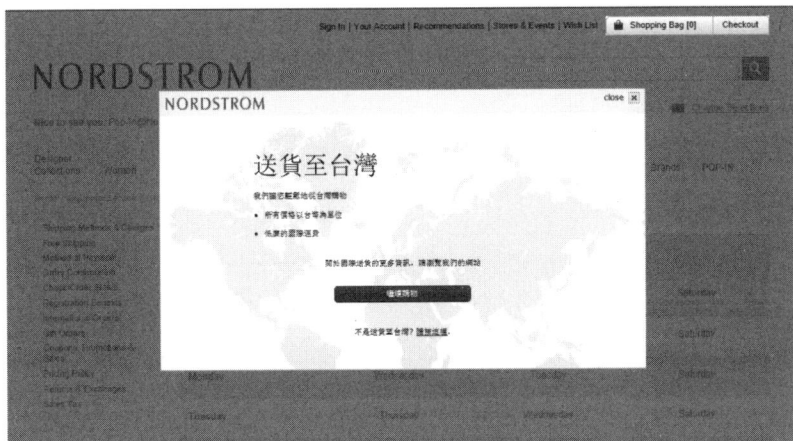

图 10-2 连入 Nordstrom.com 后所见

4. 营销沟通的杠杆

在第四堂课中，我们建议现代经理人，抛却一招半式赢天下或者近年常见的买粉丝迷思，如实认清各种沟通工具的用处与限制。第五堂课，则详细剖析数字营销沟通的 SoLoMo 新局。综合那些讨论，数字营销沟通的杠杆作用，通常发生在付费媒体或自媒体上呈现出的沟通方式与信息内容，与目标客户群有切身关联时。这时候，AISAS 信息行为作用的结果，便可能发生一传十，十传百的"赚得媒体效果"，创造真正的杠杆作用。

还记得先前提过的英国约翰刘易斯百货的圣诞广告吗？ 2014 年版在 YouTube 上架两个月后，便创造了超过 2200 万次的点击观看次数。如果是传统以 CPM 模式计费的电视广告，要达到这样的眼球数，必须付出接近天文数字的媒体购买费用。但通过在线传播，媒体购买费用为零。这就是数字营销沟通杠杆作用的鲜明示范。当然，这杠杆的支点，叫作创意。

5. 数据分析的杠杆

前面讨论的几种数字杠杆，支点在于成本结构、战略布局、创意等方面。但数字环境中的另一种杠杆作用，依赖的支点是数据分析的能力，而其"机械利益"则可能更大于前面讨论的那些。在第八堂课里，我们看到数字环境让顾客相关数据源源不绝而出（因此O2O的另一个目的，是将数据匮乏的实体端引入数字圈里，让数据自然产生），所以才铺陈出"大数据"的自然基础。如果触网、触电的企业，有决心花个五年、十年的时间，老老实实建置分析团队，踏实培养从数据中"看"出潜藏需求的组织能耐，那么这企业便较有可能成为"破坏性创新"的源头，而非这类创新的受害者。

亚马逊就是循着这条路，老老实实地经营、壮大它的数字杠杆的。

不一样的经营假设

看懂数字杠杆后，接下来便是思考如何将各种数字杠杆运用于企业经营中了。此时最关键的，在于理解欲优游于数字环境，则必须转换一套与传统非常不同的经营假设。

1. 重新定义之必要

如果企业领导人一辈子只能读一篇经营管理相关的文章，私见是该考虑 1960 年哈佛大学教授西奥多·莱维特（Theodore Levitt）刊登于《哈佛商业评论》，后来数度重刊，近年也有正式中译的 Marketing Myopia（中译为"营销近视症"）一文。这篇文章从经济史的角度，提示企业自我定义这件事的重要。自我定义一有闪失，企业断无可能永续经营。面对数字浪潮的冲击，原生于现实世界的"传统"企业，因此更当找出一个可长、可久、接地气同时也接电气的自我定义。

什么意思呢？举两个数字原生企业为例。其一，是众所皆知的 Google，创立之初，它标明涉足的生意，在于："整合全球范围的信息，使人人皆可存取并从中受益。"从这句话出发，它搞搜索引擎，搞智能手机平台，搞智能眼镜，搞无人车；多平台发展下，Google 所圈出的生态圈，总还是不离"信息""整合""受益"这几件事。其二，是串流音乐服务Spotify。近期它的创办人丹尼尔（Daniel Ek）宣告他看懂了局，想通了，因此明示：Spotify经营的不是"音乐"，而是数字环境里的每一个"片刻"（"not in the music space—we're in the moment space"）。

2. 接受失败之必要

数字竞争场域里的风险概念，与传统商业情境大相径庭。这里最大的差别，是传统上一桩投资案，经营者被要求"不能输"，投资方意识上也"输不起"。相对地，数字竞争场域里，失败是可以接受的必然，"成功"才是偶然。失败对于数字经营者而言，是勋章般宝贵的资历；对于投资者而言，是偶然成功投资案所从出的必然分母。这也就是为什么传统银行不可能大量投资互联网事业，而互联网相关产业须依赖看得懂数字竞争风险的创投基金挹注的原因。

如果无法接受这种与过去截然不同的风险架构，行事上养成"快速失败，迅速成长（fail early, learn quickly）"的习惯，则无论资源如何丰沛，都很难到位地触电、触网。

3. 忘却标杆之必要

人性的一个恒常面，是追寻"确定感"——不管感觉背后的那档事儿长久而言是否真靠谱。因此，商业圈里，"标杆学习"使全世界管理者通过趋近"标杆"，获得些"照那种方式做，比较可能成功"的确定感。

前互联网的商业世界里，学标杆的确是省时省力的好事。但在每件事都第一次发生、旧经验无法理解新现实、一代新人迅速替换旧人的数字环境中，太执着于学习数字环境里一时表现亮眼的"标杆"企业，基本上是件傻事。第一，学到的永远是快速前进中别人的昨天。第二，学到的通常只是皮毛程度的说法，而非（等一下会提到的）西西弗斯推石般甘苦自知的做法。第三，最重要的是，变动不居的局里，永远没人知道现在的"标杆"，两三年后还是不是够格做"标杆"。

所以，请读者不要将这本书里所举的任何释例，当作颠扑不破的典范。这些例子自有它们的历史意义，当然有独到可供参考处，但也都已是昨日事。端详它们，重点是帮我们看清楚当下是个什么样的局面、别人已走了多远。至于明天，当然属于看懂现实后，今天实际开展行动者。你拿到这本书时，或许有些例子中提到的新创做法已经更改或消失、事业已经解散——那就再度印证了数字环境无常的常态。

4. 永远测试之必要

新产品开发过程中，所谓的 beta 版本，象征着还在测试、还待优化、还没定版的开发阶段里程碑。但在数字经营诸环节，无论是广告投放、信息拿捏、商品定价、用户接口等，都永远不可能有"定版"的一天。这就是所谓的"永远 beta"。希腊神话中西西弗斯推巨石上山，石头却永远再自山顶滚下，于是必须再度费力推石上山，不断反复循环，没有终结。"永远 beta"，有点儿这样的味道。

要操持任何一种形态的数字杠杆，都必须具备这种不断实验、纠错、比评、优化的"永远 beta"心理准备。只有能清楚认识这一点的领导者，才可能带领企业，着实建立数字经营所需的换代思维、实验精神与容错文化。

5. 大胆选择之必要

　　东京的 Lumine 购物中心，要求进驻店商禁止顾客拿出手机在店内摄影，以免顾客上网比价，只把店面当试衣间。相对地，PARCO 则与日本大型服饰网站 ZOZOTOWN 合作，实验一方面旨在让店面降低 showrooming 损失、方便交叉销售，另一方面提供给逛街顾客个性化与社会化的穿搭指南的 app （ZOZOTOWN Wear）。这个实验鼓励顾客在店内尽情使用手机拍照。

ZOZOTOWN Wear 展示短片 （优酷视频）

　　两种截然不同的做法，孰是孰非还要等一段时间以后，才能由长期累积出的营业数据判别；但至少两家企业都果断地对于手机在店里的使用这件事，做出了必要的选择。自我定义清楚后，就该面对数字挑战做出选择。因为市场永远是异质的，所以不同的战略选择，理应都能吸引到或大或小的客户群。但若瞻前顾后，谨守"中庸之道"，那便注定犯定位的大忌，进退失据，而终将徒劳。

📶 否定昨日的自己，造就今日的受众 📶

美国有一家名叫 GolfLogix 的小公司。早年公司对一个个球场进行造访、测量和描绘，研发出一种以 GPS 为基础，简便易用的高尔夫球场内测距装备。这家公司原先以球场为对象，走 B2B 路线，提供整套设备与相对应的手持装置，再由球场将手持装置租给打球的球友。2002 年时，公司考虑要不要开发 B2C 业务，直接面向打高尔夫球球友，开发一组定价 300 美元的个人用球场测距仪。

经过一番斟酌，决策层决定暂时采取稳扎稳打的方式，固守 B2B 业务。过了几年，随着个人用 GPS 设备的普及，这家公司终于踩入 B2C，推出个人用的球场测距仪。

又过了几年，随着智能手机的普及，GolfLogix 面临一个残酷的考验：智能手机都有 GPS 功能，市场上见到高尔夫相关 app，内建有类似 GolfLogix 个人用测距仪功能。这时，决策层做了件以后见之明看来相当英明的决定，壮士断腕地停止灌注资源于 GolfLogix 个人用测距仪，改而在 Google Play 和 Apple app Store 上推出免费版与升级付费版的 app（产品介绍详见二维码所引向的短片。尤其请注意八秒钟处把传统测距仪丢到背后的宣示性动作）。

现在，这款 GolfLogix 的 app 已被全世界各地球友下载逾 300 万次，稳居 Google Play 和 Apple app Store 上同类产品的冠军。这家企业早一点认识到了不革自己的命，就会被别人革掉命；适时舍弃了昨日的金牛，换得了今日的生存。

GolfLogix 取代个人用高尔夫球测距仪的 app 简介（优酷视频）

GolfLogix 官网首页

6. 顺势出格之必要

古今的商业环境中，互联网时代算是一个相对"公平"的时代。所谓公平，指的是无论在传统线下情境中累积了多少资本、经营了如何绵密的政商关系，一旦"触网"，就得接受互联网颠覆传统的经营逻辑。这时候，脱颖而出的关键常是"顺势"和"出格"这两件事。顺势，当然就是大家都懂的、雷军早些时候说的找风口这码子事儿。但是大家一窝蜂，风口很快就堵塞了，这时还得"出格"才可能真飞得起来。

所谓出格，就是商学院里头常说的"差异化"。每一波数字浪潮上，都有无数出格的可能。脸书，在社交浪潮中，从聚焦于哈佛开始而出格。"饿了么"（ele.me）外卖，在中国的 O2O 风潮中，同样出格发迹自大学校园。百度，身为 BAT 一角，在互联网金融领域落后了些，近期试图出格聚焦于教育贷款来追赶。"走着旅行"（www.zouzhe.com），则在旅游行业里出格聚焦于"目的地 + 包车"这样的细分市场。

互联网商业文明有趣但也残酷之处是，无论你是谁，在所欲经营的领域里若无法顺势并且出格，就很难搏出一片天。这样的考验不仅折磨着传统企业，也一视同仁地适用于原生互联网者。君不见在交易、支付领域里呼风唤雨的阿里集团，不管淘宝有几个亿海量的用户，也不管它花力气折腾了好几年，阿里都无法琢磨出一个引得来、留得住用户的在线社交平台。其因简单：阿里系生不出一个出格的社交应用。

7. 合纵连横之必要

在平台竞争、数字生态圈跑马圈地的一片喧嚣中，无论再有通天的数字杠杆本领，没有任何一家企业可以完全依靠己力，在变幻莫测的局面中自成一局。即便老大如 IBM，近期也密集与传统上被认为是它竞争对手的苹果、SAP、微软等厂商，开展一系列合作。与苹果的合作，包括将 IBM 移动安全解决方案（MaaS360 等）安装至 iOS 装置上，联手推出如"Plan Flight"协助飞行员进行飞行决策的应用程序等。又如与 SAP 的合作，落实在云端基础架构的服务战略伙伴关系上，协同帮助企业在 IBM 企业级混合云端平台中取得 SAP 企业云服务。

合纵连横的另一个可能，就与资本有密切关系。以全球范围的 OTA 为例，李嘉诚大手笔投资的 Priceline，近年在全球不同地理市场分别整合了 Booking.com 和 Agoda，并且提高对于携程的投资占比。它的对手 Expedia，除了是艺龙与酷讯的最大股东外，2001 年收购了 Hotels.com，2015 年年初收购了长年的竞争对手 Travelocity。

BAT 等巨擘，通过入股、并购或战略合作，更是各自合纵连横在线原生与实体原生的各业，棋盘上抢着落子。

无论异业同业，这些企业之所以动作不断，求的是综效、是动能，也是速度。

周星驰的电影《功夫》里，说到天下武功，四字诀是"唯快不破"。近来雷军也常爱以这四字诀，谈论小米之道。要快，在数字的局里，靠的常不是自己一手搞定，而是跨界合作的能力。每一回异业间的合作，便有造出一回合新局的可能性。写这本书的时候，随便浏览新闻，就见Spotify 一方面要与 Volvo 合作，另一方面要与 Uber 合作；小米要与腾讯合作推广；百度地图与停车百事通合作 O2O；富士康要与阿里合作打造"云上贵州"……

例子是举不完的。不如反过来问：有哪两家异业不应合作试试新模式、找找创发数字杠杆的新机会？

在多变快迁的数字时代，这问题的答案，反倒是不太好找的。

看懂之后

　　就如前言里所提到的，这本书为一般（非互联网原生）企业人士所写。非互联网原生的企业，在互联网时代常是被动，偶或盲动；究其因，是没看懂持续剧变的市场大局。如果你耐心地把这本书从头读到这儿，应能对于不限于一时、一地、一业的互联网商业林相多了些成竹在胸的掌握。

　　无论你从事什么行业，长久经营之道，总在创造、传递与沟通价值给顾客。希望这本书，对于想在互联网时代借力使力，以新的、更有效切时的方式创造、传递与沟通价值给顾客的各业人士，多少起了点开窗透气的作用。

　　在互联网为基底的这一波新商业文明里，新旧企业的运营、募资、营销、客服、研发、人资等方方面面，都因互联网而多添了一个维度。依托于平台概念、利用数字沟通杠杆、抓住 SoLoMo 关键结点、织 O2O 的网、做大数据的梦，横跨在线与线下的各种新商业模式必然会不断涌现。希望读者看完本书，对于有哪些浪潮上的说法只是放卫星、又有哪些若隐若现的趋势终会是迟早避不开的现实，可以更踏实些地做出自己的判断。

　　最后，还是这本书里反复的这句老话：　看懂，然后知轻重。

　　事情看懂了，问题就解决了一半。另外一半，就我们这里所讨论的各种互联网新局而言，自然便是企业各自检视内外资源，在数字时代的新经营假设下，发挥想象力进行各种重组、连接与实验的活儿了。动了真格这么走下去，早晚便将自然而然地迈进"互联网+"的新世界。